彼の心と胃袋をつかむ

「愛されめし」で、幸せな結婚を引き寄せる!

青木ユミ

Cooking Methods for Your Happy Marrige

きずな出版

はじめに

胃袋をつかんで女を上げる

――幸せな結婚をしたいあなたへ

*いつか自然に結婚できると思っていませんか？

「1日も早く結婚して大好きな人と安心して生活したい」

と思っているのに、まわりの友だちはどんどん結婚し、私はまだ独身なのは、なぜ？

「結婚していく友だちを心から祝ってあげたいけど、素直に喜べない」

そんな自分がイヤだし、早く結婚して幸せになりたいけど、どうしたらいいの？


その理由と方法を真剣に考えたことがありますか？

「いままで彼氏がいなかったわけではないし、努力もしてきた。結婚している友だちといったい何が違うの？」

あなたと結婚した彼女に大きな違いはありません。ただあなたが、男性が結婚したくなるポイントとタイミングを知らないだけです。

世の中にはたくさんの婚活本があり、ノウハウ、テクニックが紹介されています。ノウハウ本、テクニック本に書かれていることを活用すれば、おつき合いまではできます。

ですが、結婚できるかは別問題。

「彼氏と何年かつき合えば、その先にはいつかプロポーズされるはず」と考えて待ち続けても、偶然が起きない限り、結婚までたどり着けません。

結婚をしたい女性がやるべきことは、ただ相手を探して次から次へと男性に会うことでも、彼からのプロポーズを夢見て、ひたすら待つことでもなく、結婚後の生活を考えることです。

結婚というと、女性は結婚式や、彼との甘い新婚生活を考えがちですが、男性は案外そうではありません。

男性は結婚を現実的な生活として考えます。たとえば「疲れて仕事から帰ってきたときに、この女性がいたら心がホッとするだろうか」「いまの自由で気楽なライフスタイルがそのまま続くだろうか」「子どもができたら育児と家事の両立ができる家事スキルがあるだろうか」ということを見ています。

疲れて仕事から帰ってきた男性にとって、温《あたた》かい食事と、おかえりなさいという彼女の笑顔が、手放《てばな》したくないという感情が湧いて、結婚へつながります。

いまのあなたは、いつも笑顔ですか？　依存したり束縛《そくばく》したりせず、お互い言いたいことを言い合える満たされる環境をつくれますか？

いまは満たす自信がないけど、「料理も家事も、居心地のいい空間づくりも、結婚して毎日のことになれば自然に身につくでしょ」と考えているなら、甘い！

ちょっとイメージしてください。初めて会った男性に、「いまは部屋も汚いし、髪も切ってない。お風呂にも入っていないけど、君とつき合い始めたら清潔にするから」と言われて、それを信じておつき合いできますか？

「そのつもりがあるなら、いましてよ」と、思うのでは？

いまできていないことを口でいくらできると言っても、実際にそれをして見せなければダメなのです。

あなたがこのまま独身でいるのはイヤだと思うのなら、相手は何を求めているのかを知り、「何十年後も一緒にいたい」「手放したくない」と思われる女性になることが結婚への第一歩になります。

＊男性の心をつかむには胃袋コミュニケーション

「女子力が高い女性」と聞いたときに、どんな女性をイメージしますか？

ネイルがきれいな女性？

サラダを取り分ける女性？

柔らかい素材の服を着た女性？

男性が求める女子力の正体は、「気くばり力と家庭力」です。

そして、それを最大に発揮できるのが、「料理」です。

幸せな結婚生活をしたいなら最優先すべきは料理上手になること。つまり、胃袋で彼の心をつかむのです。私はそれを「胃袋コミュニケーション」と呼んでいます。

結婚生活を送る中で、食事の役割は栄養補給だけではありません。

栄養をとるだけなら、サプリメントや栄養補助食品だけでも生きていくことはできます。

私たち人間は食事をすることで、満腹感の幸せを楽しむこと、リラックスしてストレス発散すること、健康になること、パフォーマンスの高い仕事ができる体調をつくること、一緒に食べる相手との時間や話題、感情を共有することなど、コミュニケーションをとっているのです。

一年間に食べる食事の回数は、朝食と夕食を一緒にとる場合、７３０食。「料理が苦手」「つくりたくない」「食べられるなら適当でいい」というのは、男性からしたら、「自分のことを大切に思ってくれていない」「コミュニケーションをとろうとしてくれない」ということです。

料理は「できる」「できない」ではなく、「やる」「やらない」ですから、いまはまだできないとしても、一生懸命やろうと努力することで、できるようになります。彼に喜んでもらいたいと、胃袋でのコミュニケーションをとろうとする努力が、彼の心をつかむのです。

*男性と話すのも苦手だった私が「愛されめし」を始めたわけ

いま私は結婚したい女性たちに、胃袋コミュニケーションの基本である「愛されめし」を伝えています。

ダイエットのための料理、時短のための料理など、料理は目的によってつくり方、材料、盛りつけも変わってきますが、胃袋をつかむ料理をつくり、愛される女性を育成する以前は、専門学校で、料理人のプロを育てていました。

子どもの頃から引っ込み思案だった私は、いつも自分に自信がなく、男子と話すこともできない女の子でした。そのため、高校は女子高へ進学。けれども、彼氏ができて楽しそうな友だちを見て、「私も恋愛を楽しめるようになりたい」と思うようになりました。

必死に男性と話す練習を重ね、念願かなって彼氏ができたところまではよかったのですが、問題はその後です。

彼のために、喜んでもらえることをしたいと考えてつくったお弁当で、大失敗してしまうのです。

私がつくっていたのは、彼が喜んでくれるお弁当ではなく、私がいい女アピールをするためのお弁当でした。

もちろん、いい女アピールがしたい気持ちはお弁当だけでなく、さまざまな行動や言葉にも現れてあえなく失恋。

ショックで食欲も湧かない私に、友人が話を聞きながらふるまってくれたのが、私の大好物の卵料理でした。そのときのおいしさは、いまでも忘れられません。このとき初めて、自己満足の料理ではなく、相手のことを考える料理や行動の大切さに気づきました。

「料理は人を幸せにすることができる」と実感した私は、プロの料理人になろうと考え、いまの道に進むことになったのです。

人は恋愛をすることで、自分の感情と向き合うことが増えます。

そこには、たくさんの学びがあり、自分の人生が変わっていきます。結婚に必要なのは美しい顔でもなければ、何十人もの男性と会うことでもありません。手放したくないと思われる女性になることです。

胃袋をつかめば心もつかめる。幸せな結婚生活があなたを待っています。

*心から「おいしい」「うれしい」と言える人生に変える

心から「おいしい」「うれしい」と感じるのはどんなときでしょうか？

たしかに高級なお寿司や、オシャレな雰囲気のお店で食べる本格的なイタリアンも「おいしい」と感じます。誰かと一緒にお店に行くのは、「ひとりぼっちで食べてもおいしくない」「1人でレストランに行くのは寂しい」と、食事に対して人との時間を共有することを求めているからです。

もし、その料理があなたの手料理で、彼が「おいしいからお代わり」と笑顔で食べていたら、どんな気持ちになりますか？

「ひとりぼっちの部屋に帰ってきて、このまま結婚できないかもしれないという不安から抜け出したい」

「つき合っている彼と早く結婚したい」

「友人の結婚を心から祝福できなくなった自分がイヤ」

そんな思いを抱《かか》えているのなら、これから5つの章で紹介する、彼の心と胃袋をつかんで、手放したくない女性になる「愛されめし」メソッドを実践してみましょう。

まずは、普通の料理と胃袋がつかめる料理の違いを知ることからスタートです。

結婚も料理も、相手がいることで成立します。

タイミングをはずさず、相手に合わせる愛が大事。彼のためと言いながら、自分がいい女アピールしたいだけで空まわりすることがないよう、自分の現状をチェックすることから始めましょう。

「今日のじゃがいもは香りを残したいから皮ごと使おう」

「今日のキャベツは甘いから塩だけで炒めよう」

そんなふうに食材に合わせて料理をつくることができるようになると、料理を楽しめるようになります。恋愛も、相手の男性に合わせて対応できるようになると、心に余裕ができ、楽しくなります。

料理上手は恋愛上手。

これまでさまざまな男性の胃袋をつかみ、多くの悩める女性を結婚に導いてきたメソッドをこれから紹介していきます。

「私は料理がつくれるから大丈夫です」という方もいらっしゃるかもしれません。

けれども、ただ「料理ができる」だけでは幸せな結婚生活は送れません。

逆を言えば、スキルはなくても胃袋はつかめて、幸せな結婚はできます。

ただ料理をつくるのではなく、「愛されめし」をつくること。

究極を言うと、料理のスキルがなくても、ゆで玉子1つでも、条件がそろえば彼の胃袋をつかむことができるのです。

それがあなたのこれからの運命を変えていきます。

さあ、幸せな結婚生活をつかみにいきますよ。

青木ユミ

彼の心と胃袋をつかむルール

- □ 料理スキルがなくてもルールを押さえたら胃袋はつかめる。
- □ そのときに食べたい料理をつくる。
- □ 食べる前から、「おいしそう」のイメージを持ってもらう。
- □ 醤油、みりん、酒を同量で簡単に脳を刺激する。
- □ 華やかな料理よりも食べ慣れた定番料理を覚える。
- □ 自分の状況に合わせて、レシピもつくり方も変える。
- □ 料理を食べてもらうと、結婚後の生活がイメージできる。
- □ 料理も婚活も逆算してから始める。
- □ お気に入りのエプロンで非日常感を出す。

彼の心と胃袋をつかむルール

- □自分の感情と向き合って、自分の意見を持つ。
- □料理を取り分けるのが女子力ではない。観察力こそ女子力。
- □子どもの頃の話は、相手をもっとよく知るチャンス。
- □会話レベルが合う食習慣を身につける。
- □無理して尽くさない。
- □彼も自分も、食べず嫌いを克服する。
- □好き嫌いがあっても、すべてがダメなわけではない。
- □タイミングによって料理を変える。
- □いきなり変えるのではなく、少しずつ慣れてもらう。
- □ドレッシングで変化をつける。
- □正直な感想を聞けることが、円滑なコミュニケーションにつながる。
- □食事で年収を上げることができる。
- □レシピをたくさん覚えなくても、発想力を身につければ大丈夫。

彼の心と胃袋をつかむルール

- □ 無駄を減らしてゲーム感覚で料理をつくってみる。
- □ 料理は、どちらがつくってもいい。
- □ 誰かと競争するのではなく、自分の幸せのために料理をする。
- □ 練習中の初心者マークは、最強の免罪符。
- □ 恋愛がうまくいかない理由を、自分の好きなもののせいにしない。
- □ 人との交流で新たな自分を発見して、チャンスをつかむ。
- □ 恋愛のハードルを下げて、自分の本来の目的を見失わない。
- □ 出会いがないわけではなく、行動できることはたくさんある。
- □ 「あなたを受け入れます」というサインを伝える。
- □ 欲求を伝えるのではなく、相手が求めるものを渡す。
- □ 不安になりすぎず、相手と自分を信じてみる。
- □ 2択を迫るのではなく、結婚したくなる状況をつくる。
- □ 愛する人のために料理できる自分を楽しむ。

彼の心と胃袋をつかむ――「愛されめし」で、幸せな結婚を引き寄せる！【目次】

第2章

失敗しない戦略を立てる

男心をつかむ愛されコミュニケーション

第3章

相手によって対処法は変える

彼の好き嫌いを徹底リサーチ

第4章
自分の苦手を克服する
料理好きなだけでは問題は解決しない

第5章 幸せな恋をする

食べさせたい人がいるから幸せになれる

おわりに

婚活も料理も楽しむことが人生の豊かさにつながっていく

第1章

タイミングをはずさない

料理も結婚も、
相手に合わせる愛が大事

「おいしい！」は4つのポイントで決まる

女性向け恋愛本でよく書かれている、「手料理ができる女性はモテる」「家庭的な料理が得意だと結婚したくなる」という言葉だけを見て、初デートで手料理を持っていったり、手料理が得意というアピールのために華やかでオシャレな料理ばかりをつくる女性も増えています。

ですが、男性にとって、毎日のようにメールで送られてくる料理写真や、目の前に並べられる料理は、タイミングを間違えると、もはや料理ではなく結婚という契約をするためのプレゼン資料です。

自分が食べたいと思う料理ではないものを並べられ、プレゼンされても恐怖を感じるだけ。タイミングと相手の好みに合わせることを忘れてはいけません。

食は生活の基盤ですから、タイミングと相手の好みに合わせることさえできれば、手料理は女性にとって最終兵器にもなるのです。

「おいしいものが食べたい」という「おいしい」とはどんなものを指すのかを考えたことはありますか？

栄養のあるもの？　高価なもの？　食べ慣れているもの？　人それぞれ好き嫌いがあるように「おいしい」は人によって違います。

「おいしい」を決める基準は、心理、脳科学、嗅覚、味覚、ＤＮＡなど、さまざまな分野にわたるので全員がおいしいという料理は誰もつくることができません。ですが、彼のことをよく知っているあなたなら、彼がおいしいと言ってくれる料理をつくることはできます。

胃袋をつかむための準備は、普段のデート中の会話からもうスタートしているのです。

とある大手会社のアンケートによると、「料理ができない女性、料理がヘタな女性との結婚を考えられますか？」という質問に、72・4％がイヤだと答えているそうです。

手料理を人に出す自信はありますか？

レシピを検索しながら週末には自炊をしたり、結婚したら料理は毎日のことになるから、料理はできたほうがいいと考えて料理教室に通ったりと、自分なりに努力しているのに、いつまでたってもレシピを見ないと料理ができない、人に出す自信がない、というあなたにお伝えしたいことがあります。

おいしい料理をつくるのに必要なのは、料理スキルではありません。

必要なのは4つのルールだけです。

料理を上達させたいなら、「何度もつくること」という根性論が一般的です。

たしかに、何度もつくればレシピを暗記するので、覚えることはできますが、何種類ものレシピを暗記するのは大変です。

料理を完成させることと、おいしい料理をつくることは別問題なのです。

「おいしい！」は次の4つのルールから成り立っています。

【ルール1　本能】
【ルール2　情報】
【ルール3　刺激】
【ルール4　環境】

この4つを活用することで「おいしい」料理ができるので、どのレシピでつくればおいしくなるのかと悩み、レシピ選びの時間を使わなくてもすむようになります。

彼の心と胃袋をつかむルール

❖料理スキルがなくてもルールを押さえたら胃袋はつかめる。

「おいしい！」のルール1
「本能」

人はお腹が空《す》いていると、生命を維持《いじ》する必要があるので、目の前に並んだ料理をおいしいと感じます。食事をすることは本能にしたがっていることですから、安心して食べられる料理をおいしいと感じるのです。

たとえば、まったく知らない人がつくった手料理を食べるのは怖いと感じますが、レストランやカフェで食べる料理は知らない人がつくった料理です。

怖いと思わずに食べられるのは、「お金をもらって毎日つくっているから、衛生面も大丈夫だろう」と感じるからです。安心して食べることができるからおいしいと感じます。

生まれたばかりの赤ちゃんの口に、レモン汁を1滴入れると吐き出すけど、砂糖水を口に入れると舐《な》めるという実験があります。

レモン汁は酸味なので、腐っていると本能が判断して吐《は》き出そうとします。成長するにつれて、まわりの人がおいしそうに食べているのを見て、安心して食べていいとわかり、レモン汁は毒から食べ物に変わるのです。

出会ったばかりの相手に手料理を披露《ひろう》しても、安心して食べることができないので、心から「おいしい」と思ってもらえません。

まずは安心して食べてもらえるように、信頼関係をつくることが必要です。安心して食べてもらえる関係になったなら、次はからだが求めている料理を取り入れましょう。

「仕事をしていたら甘いものが食べたくてチョコレートを買いに走った」ということや、「今夜は急に焼き肉が食べたくなった」という経験はありませんか？

これはからだが足りない栄養を求めているということです。急にチョコレートが食べたくなったのは、脳を使っているから早くエネルギー補給ができる糖分が欲しかったということ。焼き肉なら、アミノ酸やたんぱく質の不足かもしれません。

からだが欲しいものを与えてあげるのが、いちばんおいしいと感じます。

だからこそ私は「今日は何食べたい？」と聞いてリクエストのあったメニューをつくることをオススメします。ですが、料理初心者の場合は「いきなりつくったことのないメニューをリクエストされたらどうしよう」と不安になる気持ちはよくわかります。

そんなときは、3択です。「今日はハンバーグか、ぶりの照り焼きか、豚しゃぶにしようと思うけど、何がいい？」などと、自分がつくれるメニューで肉や魚などバランスよく3つをピックアップしておきましょう。

選択肢があればひねくれた人でない限りは3択の中から選んでくれますし、彼も考える手間を省《はぶ》くことができる上に、食べたいものを食べることができます。

彼の心と胃袋をつかむルール

❖ そのときに食べたい料理をつくる。

「おいしい！」のルール2
［情報］

芸能人格づけのＴＶ番組を見たことはありますか？　毎回、高級なものと安いものを並べて、どちらが高級かを見極めることができた方を、一流芸能人というように格づけしていく番組です。

実際、ラベルや説明がなく、安いものと高いものを並べられて正確に判断するのはとても難しいものです。

だからこそ、人はブランドや口コミを参考にして味を決めているわけです。

食べログやぐるなびの口コミやキャッチコピーは情報を味わう最たるものですし、行列しているお店はおいしいだろうと思うのも、情報を味わっているからです。

私のレッスンに通う女性で、彼とは遠距離恋愛だからなかなか手料理をつくる機会がないという方がいました。その女性、彼からのプロポーズのとき、「毎日おいしい手料理が食べたい」と言われたそうです。

一度も手料理を食べてもらったことはなかったのですが、料理をつくるたびに写真を送っていたため、「彼女のつくる料理はおいしい」という情報が、「結婚して一緒に住んだらおいしい料理を食べられる」というイメージをつくり上げたのです。

料理は五感で味わうという言葉がありますが、彼は目で味わっていたことで、結婚を考えました。

料理を彼に食べてもらうときは、

「料理は全然できないから、初めてつくってみたの。味がよくわからないけど食べてみて」

と言うより、

「この料理、とても人気のレシピを元につくってみたから食べてみて」

と言うほうが、彼はおいしく感じます。

料理写真を撮っておき、雑談の中で、「今日はこんな料理を習ってきた」と、定番料理の写真を見せることも胃袋をつかむためのツールとなります。

「朝採れ野菜」「無農薬野菜」「こだわり野菜」「直輸入」「大人気レシピ」「家族に好評だった料理」「得意料理」など言葉ひとつでおいしいと感じてもらうことができるので、「料理がまったくできない」と宣言するより、勉強中と伝えて胃袋をつかみましょう。

彼の心と胃袋をつかむルール

❖食べる前から、「おいしそう」のイメージを持ってもらう。

「おいしい!」のルール3
[刺激]

料理が苦手な人でも、簡単においしいと言ってもらうためにオススメのメニューは糖質、脂質が入っているメニューです。

たとえば、ハンバーグ、エビフライ、オムライス、肉じゃが、生姜《しょうが》焼き、照り焼き、カツ丼など、一言でまとめるなら、子どもが好きな料理。

個人的な好き嫌いは別として、お肉、スイーツ、お寿司などなど、いわゆるごちそうと言われるものに共通するのは、脂肪分と糖分です。

子どもが好きな料理は、脂質と糖質が入ったものばかりです。

脂質といえば、バターたっぷりのスイーツ、トロ、肉、油です。糖質といえば、砂糖やみりん、ご飯も糖質です。

ついつい食べてしまうのは、食べると脳が刺激されるからです。幸せを感じるホルモンが出るので、脳は食べたら幸せになれるとわかっています。

「男性は肉が好き」「男性は甘辛い味が好き」「男性は子どもが好きな料理が好き」と言われているのも、脳の中で糖質と脂質の刺激を受けていることが理由です。

料理が苦手で悩んでいる方は、最初に甘辛い味をつくることをマスターしましょう。

醤油1、みりん1、酒1を混ぜるだけ。この割合は、照り焼きのたれですから、肉を焼いて、たれを加えてフライパンで煮詰めたり、魚をフライパンで焼いて、たれを入れて絡めたりするだけで失敗も少なく、すべて1杯ずつ同じ量を入れるだけなので、計量スプーンがなくてもつくることができます。

胃袋をつかむには簡単な料理で大丈夫です。

彼の心と胃袋をつかむルール

❖醤油、みりん、酒を同量で簡単に脳を刺激する。

「おいしい！」のルール4
［環境］

海外旅行をして空港に帰って来たときに、「和食が食べたい」と感じたことはありませんか？

私は学生時代、修学旅行で初めて海外に行ったときに、「食事が合わなかったらどうしよう」と心配でインスタントのお味噌汁を持っていきました。

友だちに、「こんなもの持ってきちゃった」とお味噌汁を見せたら、なんと「私も」「私もよ」と次々にお味噌汁やおかゆなどのインスタント和食が友だちのスーツケースから出てきて驚いたことがあります。

人は食べ慣れている味をおいしいと感じます。男性に結婚を決めた理由を聞くと、「お味噌汁が、昔よく飲んでいた実家のお味噌汁と同じ味で、懐《なつ》かしくて家族になりたいと思った」というような「実家の味と同じ」エピソードを聞くことがあります。母親のつくった料理の味は、小さい頃から食べ慣れているので、いちばん落ち着く味です。

家庭での毎日の食事には、落ち着いて、安心して食べられることが求められます。だから写真映《ば》えするような華やかな盛りつけは、「どこから食べたらいいの？」と落ち着きません。もちろん、聞いたことのない食材を使った本格料理は、たまには食べたくなりますが、毎日食べたい料理ではありません。

女性が行ったことのないお店や、流行りのメニューを頼みたいと考えるのに対して、男性が行きつけのお店を持っていたり、いつも似たようなメニューばかり頼むのは、ホッと一息ついて安心して食べたいからです。

オシャレな料理ではなく、食べ慣れた味の料理をホッと一息ついて食べられるように定番料理から身につけましょう。

彼の心と胃袋をつかむルール

❖華やかな料理よりも食べ慣れた定番料理を覚える。

正しいレシピは時と状況によって変わる

結婚への道のりは、さまざまなパターンや期間があり、人それぞれです。

数回デートしておつき合い。その後、しばらくたったら同棲か結婚という流れや、相談所で出会って、初めて会ったその日におつき合いがスタートし、3ヶ月後には結婚という方もいますし、授かり婚の方もいます。

料理のレシピも、この手順でつくるとできあがります、という行動記録のガイドなようなものです。

そのため、料理をレシピ通りにつくってもうまくいかないことや、期待通りの反応をもらえないことがあるのは当然です。レシピ通りにつくれば大丈夫と思っても、そのレシピの選び方が求めているものと違う可能性があるのです。

結婚でも、「友だちが彼と出会って1ヶ月で入籍したから、私も職場の片思いの人と1ヶ月で入籍しよう」と考えても、結婚相談所で出会って1ヶ月と職場の片思いの人とでは、状況も違いすぎてまったく同じにはならないように、食材や調味料が違えばレシピもまったく同じにはなりません。

まずは、いま自分がつくろうとしている料理がダイエットが目的なのか、時短が目的なのか、少し手間がかかっても、おいしいと言ってもらうことが目的なのかでレシピを選んでいきましょう。

［レシピの選び方］

- **写真を見ずに、工程だけ読んで料理の完成イメージが浮かぶか**
- **文字数の少ないものは詳細が書いてあるか**
- **自分のつくりたい時間でつくれるか**

この3つから考えましょう。写真やレシピの文字数で選んではいけません、レシピの文字数が少ないと、たしかに簡単そうに見えます。ところが、文字数が少ないレシピというのは、簡単そうに感じてもらうために、細かい説明を省いていたり、工程を省いているものが多いので、行間を読む必要があったり、味はそこそこのレシピとなります。

たとえば、同じ唐揚げのレシピでも、漬け込みがいらないレシピと必要なレシピの2種類があります。

どちらをつくろうか迷った場合、漬け込んだほうが味が染《し》み込みますから、しっかり濃い味の唐揚げをつくることが目的のときは漬け込みのレシピ、時短を目的にしているときは漬け込みがいらないレシピと使い分ければいいのです。

彼の心と胃袋をつかむルール

❖自分の状況に合わせて、レシピもつくり方も変える。

彼があなたに求めていること——結婚と料理の共通点

「なぜかわからないけど振られてしまった」

「なぜか結婚の話をすると目をそらされる」

という経験がある女性がまず覚えておくべきことは、その原因です。男性が別れを切り出したり、結婚したくないと考える理由を大きく分けると2つあり、気づかないうちに当てはまっている可能性があるからです。

【1】手間がかかる

「束縛が激しい」

「忙しいのに会いたいとワガママを言われて負担になる」

「いつも部屋が散らかっていて、結婚後は自分が片づけることになるだろうと予想される」

「何を聞いても何でもいいと言われて、デートの店選びも忙しい中でやらなくてはいけない」

「いま何してる？　などのメールや電話を頻繁に欲しがる」

「すぐに『冷めた？』『私のこと好き？』などと気持ちを確認してくる」

など、自分の時間や労力を奪《うば》われるような面倒が増えるのはイヤなのです。

女性ならフルーツを包丁でむいて食べることをしますが、男性はわざわざむいてまで食べようとはしません。むいて、食べるだけの状態にしてくれたら喜んで食べます。これは、バランスよく食べることを女性ほど意識していないので、手間をかけてまで食べたいとは思わないからです。

同じように、何種類もの食品を食べたほうがいいこともあまり細かく意識していないため、ナイフとフォークを使って食べるオシャレな料理よりも、手間のかからない、箸だけで食べられる、いつもの定番料理を好みます。

ソファで寝ている彼に、風邪を引いたらいけないという親切心で「ベッドに行ったほうがいいよ」と声をかけても、イヤな顔をされたり機嫌が悪くなるのも、手間をかけさせられたと感じるからです。

高そうな服を着て、メイクも濃い女性に対しても、同じように維持させるのに、お金や手間がかかると無意識に先のことを考えるので、遊ぶ相手にはいいけど結婚はしたくないと結婚を切り離して考えます。

[2] 脅威を感じる

「なんで結婚してくれないの？　と責められる」

「つき合ってすぐに結婚の話をされる」

「急に機嫌が悪くなり、理由もわからないから、どうしたらいいかわからない」

「料理がつくれないから、出費が激しく、結婚後の出費が心配」

「彼女に趣味がなく休日は毎回デートで依存されているようで気が重い」

「すぐに浮気や愛情が冷めていないかと疑われる」


など、現状や将来に脅威を感じることが手放そうと考える理由です。

特に専業主婦の母親に育てられてきた男性は、心がホッとする料理と笑顔で迎えてくれる家に帰りたいという結婚像を持っています。

子どもの頃からの環境は、大人になっても大きな影響を与えるのです。

おつき合いする中で、手料理を食べる機会が多くなると、ずっとこんな感じが続くだろうという疑似体験をすることができます。

その体験が彼の家庭のイメージと合うと、結婚をイメージしやすくなるのです。

何かを購入したり、サービスを利用したりするときにも、1日体験ができると実際のサービスをイメージできて安心して購入することができます。

だからこそ、結婚してから料理をどうにかすればいいと考えるのではなく、結婚前から料理ができるようになることが結婚につながっていきます。

彼の心と胃袋をつかむルール

❖料理を食べてもらうと、結婚後の生活がイメージできる。

column

あなたは大丈夫？
――結婚できない女性、8つのタイプ

「言わぬなら　言うまで待とう　プロポーズ」
「言わぬなら　別れてしまえ　プロポーズ」
「言わぬなら　言わせてみせよう　プロポーズ」

長年つき合ってプロポーズがないなら、別れて他の男性との将来を考えるのも1つの手ですが、もしかしたら彼は、あなたとは結婚生活を送れる自信がないのかも？

これから紹介するのは、結婚できない女性の8パターン。

結婚したい女性にとっての怪談話スタートです。

❶「マニュアル女」――自分のルールを押しつけてしまう

ときどき、週末のホテルのラウンジで仕事をしていると、隣の席でお見合いをしていることがあります。席同士が近いので、会話が耳に入ってくるのですが、イエローカード、レッドカードを出したくなる場面に多く遭遇《そうぐう》し、仕事が手につかなくなることがあるのです。

たとえば、どこかの本で読んだから言っているだけであろう、心がこもっていない「薄っぺらな褒《ほ》め言葉」。心からそう思って話しているのか、褒めれば印象がよくなるというマニュアルで言っているのかは、隣で聞いている私でも気づきますから男性も気づいているでしょうね。

褒めることはたしかにいいですが、何でも言えばいいわけではありません。イノシシのように突進する女性は、他の場面でもさまざまなしくじりをしています。

・メールの返信がないのは、私には興味がないということだと諦《あきら》める
・デートのときは彼が行き先を調べるものだと思っている

・当日に誘われても行くなと本に書いてあったから、誘われても断る
・料理をつくろうとしたときに指定された食材がないとつくれない
・料理はレシピ通りにつくらないといけないと思っている
・食事中テレビをつけるのは行儀が悪いと育てられたから、彼にもつけてほしくない

……などなど、さまざまな自分の中での常識を相手にも押しつけて、自分の中の常識と違うと対応できない「マニュアル女」。正解を探し続ける女性は、こうでなくてはいけないという固定概念があって、男性からしたら「面倒な女」なのです。

料理だって、食材がない場合は他の食材を代用したり、「こうしたらどうだろう?」と、柔軟な発想力を持つことで目の前の状況は変わっていきます。

男性は賢い女性が好きなのです。成績がいいとか、難しいことを知っている女性ではなく、環境に適応できる頭を持っている女性が賢い女性です。

レシピを見ないで、冷蔵庫にあるもので料理をつくることは、発想力、対応力

を鍛《きた》えるいいトレーニングになります。

❷「ジャイアン女」――自分でつくった料理に酔いしれる

ドラえもんやのび太くんが仕方なく空き地に集まっているのに、歌うことが好きだから歌う！　という、相手のニーズを無視したジャイアンのように、相手が食べたいものではなく、自分がつくりたい料理や、すごいと褒めてほしいだけのためにエゴで料理をつくる「ジャイアン女」。

何を隠そう、これは昔の私自身。自分が可愛くて可愛くて仕方なかったのです。人に褒められたい、認められたいという欲が強い女性は要注意。

「こんなに頑張ってつくったのに、あっという間に食べられてしまってショック」「珍しい料理や凝《こ》った料理をつくってみたい（つくるのが好き）」ということを考えたことがある人は、ジャイアン女の素質ありです。

このタイプの女性は、褒められたい、認められたいという気持ちが強いので、料理が毎日のことになると手抜きが始まりますし、自分が期待していた反応が返ってこないと不満になるのです。

一般的な料理教室は女性がお客様ですから、女性が食べることを前提にメニューが考えられています。女性がつくってみたいと感じる華やかな盛りつけで、女性が食べたいメニューをレッスンで行います。ですが、男性が求めるメニューは別物だと考えてください。

このタイプの女性は、普段から、

・ちょっと頑張ったことを気づいてもらえないと不満に感じる
・相手の立場に立って考えることが苦手
・この服を着てほしいと自分の趣味でプレゼントする
・自分の話があまりできないと不満で、女子会でたくさん話せると満足するというようなしくじりをしています。

押しつけることのないように、相手をしっかり観察して、喜ぶかどうかを1度しっかり考えましょう。

❸「スイッチ女」——彼に会うときと1人のときが別人

彼と会うときはメイクも服装もしっかりしてニッコリ笑顔で嫌われないようにイイ女でいるけれど、自宅に帰ると部屋は散らかり放題、だらしのない格好でも気にしない、自分だけのために料理をつくるのは面倒だから自炊はしない、という、彼の前と自宅ではまるで別人の「スイッチ女」。

おつき合いしている間は、自分のいいところだけを見せる関係でも問題ありませんが、結婚をするとそうもいきません。独身が長くなればなるほど、「結婚したい」という思いとは裏腹に、「この楽な生活を手放して、毎日きれいにして家事もするなんてできるのかしら？」「結婚したら仕事が終わって疲れ切っていてもベッドに倒れこむことはできないのよね」と心がブレーキをかけてしまい、粘り強く結婚する決意が持てない女性がいます。

人間ですから、職場のときの自分、家族の前での自分、彼の前での自分とさまざまな面があっても問題ありませんが、差が大きすぎると結婚後の生活が不安になり結婚の妨《さまた》げになります。

「スイッチ女」の特徴としては、

・嫌われたくなくて言いたいことが言えない
・彼とずっと一緒にいると居心地が悪い
・鍋や保存容器のまま食事する
・常に自分を成長させてくれるレベルの高い男性を求めている

という点があります。

男性が離れていく原因は、予想と違った場合です。イイ女を演じていると、彼の中でのあなたのイメージはどんどんよくなり、「きっと家庭的でいい奥さんになる」と考えていたのに、おつき合いが長くなるにつれてだんだんとボロが出てきてイメージと違うと感じてしまいます。

結婚後に一緒に住み始めたら、いくら取り繕《つくろ》っていても明らかになりますし、一生懸命努力したとしても、ストレスになります。

自己開示を少しずつできるようにして、たとえダメな面や直したい面があったとしても、そんな自分も好きになりましょう。自然体でおつき合いできる関係がいちばん大切です。

❹「クレクレ女」——相手に求めるだけでサービス精神ゼロ

忙しい彼が「会う時間がない」と言っているのに、友人とは会っていることがわかると、「私と会ってほしい」とか、初めてのデートなら「お店は男性が予約しておくのが当たり前」とか、私が食事をつくったから、「食器は彼が洗ってくれるのが当たり前」など、常に相手にしてもらうのが当たり前という「クレクレ女」。

時間、愛情、お金、手間など彼から奪うことばかりを考えてしまうのは、彼のことが好きなのではなく、大切にされている自分が好きだからです。

日本のおもてなしのレベルの高さは世界に誇れるレベルですので、日本人は人に何かをしてもらうことにも日常から慣れています。ですが、してもらうことが当たり前で、相手に感謝する気持ちがないと、相手はどんどん奪われていくことが苦痛になり、逃げ出したくなります。

大人になり、自分で収入を得られるようになることで、金銭的な自立はできますが、心の自立は別物です。心が自立していないと彼に依存してしまうため、

・初デートで割り勘はあり得ない
・忙しくても1時間すら会う時間がつくれないのはおかしいと思う
・自分は完璧ではないけど、収入やルックスなど相手に求める条件は多い
・一緒にいるときに携帯をいじられると大切にされていないと感じてイヤだ

など、彼を束縛してしまう行動をとるので、重たいと思われてしまうのです。

仕事が忙しい、年収の高い男性は特に、自分を包み込んで癒やしてくれる女性と一緒にいたいと感じるので、会えない時間も読書や趣味を楽しむことができる、心が自立した女性になりましょう。

この1人の時間こそ、将来結婚したときのために料理の腕を磨くチャンスです。

彼が疲れているときに、「寂しいから会いたい」と連絡するよりも、「煮物つくったからもし時間あれば食べに来てね」と連絡するほうが会いに来る確率は高くな

ります。相手に求めるだけではなく、してくれていることに感謝して自分が相手のためにできることは何かを考えましょう。

❺「ドスコイ女」――相手の状況に関係なく、いつも体当たり

恋愛マニュアル本や、ノウハウ本を読んですぐに実行する行動的な女性はチャンスをつかみやすい女性です。ですが、タイミングを間違えると空まわりしてしまいます。

私もよく「それはまだ早いからもう少し仲良くなってからにしましょう」とストップをかけるのが、おつき合いしていないのに、デートに手づくりのお弁当やクッキーなどを持っていくこと。

胃袋をつかむことはもちろん大切ですし、買ったものより手づくりのほうが心がこもっていることも確かです。ですが、まだ関係性も出来上がっていない状態でいきなり手づくりのお弁当やお菓子を持参することは、真面目な男性からした

ら「食べたら買わなきゃいけない雰囲気を醸《かも》し出している試食コーナー」と同じで、恐怖を感じるのです。

相手の状況や心境を考えず、自分がやりたいからやるという「ドスコイ女」は、日常の中でも自分では気づかないうちに、相手が構えていないのにいきなり「ハッケヨーイノコッタ！」と張り手を繰り出しています。

・伝えにくいことがあるときに「こんど真剣な話がある」とメールして、会う日まで相手を不安にさせる
・自分の中でいつまでにプロポーズ、いつまでに結婚と決めていて、自分の勝手なスケジュールを相手に押しつける
・疲れていても休みの日なら、おうちデートくらいはできるはずと考える
・話し合う時間がないときでも、自分の気持ちは伝えておかないと気がすまないから言うだけ言わせてもらう

など、相手の状況はおかまいなしに、土俵入りして張り手を繰り出してしまっては彼は困るだけです。

婚活においても、普通に出会って結婚したいという自由恋愛希望の女性がいますが、その場合はいきなり初対面で結婚を考えているかを聞くのはＮＧ。

結婚相談所は結婚を目的として登録するものですが、自由恋愛のケースでは、結婚をすぐにしたいと考えているのを前提に、今後会うか会わないかを考えるというのは、男性側であれば、ホテルについて来てくれるかどうかで今後会うか会わないかを決めるというのと同じです。

結果にばかり着目して体当たりするのではなく、相手のタイミングとものごとの順番をしっかり考えましょう。

❻「グルメ女」――食べ歩きが好きで外食ランチの写真を送りつける

外食が大好きな女性は、「おいしいものをよく知っているため、料理をしたら上達しやすい」「お友だちが増えやすい」「流行りを知っていて、会話の幅も広がる」などのいいことはたくさんあります。

ですが、あまりにも外食ばかりのグルメ好きでは、マイナスに働くことも多いのです。

デートに誘う男性は、女性を喜ばせたいと思ってお店を選ぶので、女性があまりにもグルメだと、「行ったことのあるお店だったらどうしよう」「口に合わなかったらどうしよう」という心配も増えるのです。

自己紹介でも「食べ歩きが好き」と言い、さまざまなお店で撮った写真を相手に送って話題にする「グルメ女」の行動。これは、自分のことを知ってもらって仲良くなりたいという心理や、食なら共通の話題になりやすいため、コミュニケーションをとろうとするための行動です。

好きな食べ物や嫌いな食べ物、行ったことのあるお店など、食の会話をすることは、共通点が見つかりやすく、仲良くなりやすいのは事実です。

ですが、常に外食の話題ばかりでは、結婚を考えている男性からしたら「料理は普段つくらないだろう」「お金がかかりそう」と思ってしまう要因です。

さらには、「今日はこんな料理を食べました」と、自分のことを知ってもらうためのメールを男性に送っても、何度も続くと、「おいしそうだね」というコメント以外にバリエーションがなく、男性は返信に困ってしまうのです。

このような「グルメ女」は普段の生活の中でも、

・自分に関心を持ってもらいたいと考え、今日はどんなことをしていたのか、報告のような返信しづらいメールばかりする
・デートのお店選びのセンスで男性を判断する
・上昇志向が高く、妥協するくらいなら結婚しなくてもいいと考えている
・まだ私は理想のお相手に出会えていないだけと考え、次々に会えばいつかピンとくる人に出会えると思っている

というような傾向があります。

食べ歩きも大切なことですが、家庭的な面もバランスよく持ち合わせていないと、男性からは「一緒に遊ぶ相手としては最適だけど結婚相手ではない」と判断され、結婚から遠ざかってしまいます。

❼「待ち受け女」――自分からは行動できず、すべては相手まかせ

「何が食べたい？」と聞かれても「何でもいいよ」と相手に合わせ、「どこで会う？」と聞かれても「どこでもいいよ」と相手に何でも合わせてしまうのは、協調性がある女性にも思えますが、こだわりのない男性や、忙しい男性は面倒だと感じてしまいます。自分の意見が言えることとワガママを言うことは別物です。

なぜ待ち受けのスタイルになってしまうのかというと、断られたときに傷つくのが怖いという自分を守る気持ちか、運命の人が自然に現れるから自分からは動きたくないというヒロイン願望の表れです。

たとえば、

- 連絡先を交換したのに相手から連絡してこないということは、自分に興味がないことだろうと考え、自分からは連絡しない
- 相手に合わせて受け入れるほうが楽だからこだわりは何もない
- 恋愛ドラマが好きで運命の出会いを待っている

・片思いの男性に告白したら嫌われるかもしれないと思うと怖くて、ずっと片思いのまま何もできない

……このような傾向があります。

「いつかきっとプロポーズしてくれるだろうし、どうやって将来の話をすればいいかわからないから、自分からは言わない」と何も言わずに待っているだけでは、逆効果。

あなたが、結婚を考えていることを一切言わないでいると、男性側も「プロポーズして断られたらイヤだからまだしないでおこう」「このままつき合っているほうが気が楽だから、このままの関係にしておこう」と考えてしまい、結婚が遠のきます。

「待ち受け女」に当てはまる人は、恋愛のスタートも、相手から連絡がないとただ待っているスタイルをとるため、恋愛に発展しづらく、なかなかおつき合いがスタートしません。

人間は誰しも自分に興味を持っている人に対して敏感で、その相手に好意を持

ちやすいです。「あなたに興味があります」というサインを出さないまま、ただ待っているだけは男性もアプローチしにくいのです。

婚活パーティー会場でも、話しかけてほしい場合は、目を合わせて微笑むことで、話しかけても大丈夫ですという気持ちを知らせる合図があります。

行動しなければ、傷つくことはありませんが、得られるものも何もありません。勇気を出して行動する習慣を身につけていきましょう。

❽「お母さん女」――料理はもちろん、掃除も洗濯もしてあげる

彼の家に出入りするようになると、「家庭的な面を見せたいというアピール」や、「自分が気になるから」「彼のために何かしてあげたいという献身的な気持ち」などの理由で、料理、洗濯、掃除と何でも身のまわりのことをしてあげる女性がいます。

たしかに、料理も洗濯も掃除も、家事全般ができることは素敵なことですし、彼

も、とても助かります。

　ここまで本書の中でも、「結婚した後の生活をイメージできるようにしましょう」と伝えてきましたが、すべてをやってあげすぎると、こんどは結婚が遠のきます。

　たとえば毎週末、あなたが彼の家で家事をすると、彼は次の週まで何もしなくていいので、便利です。

　女性と違って、洗濯する量も少ない男性は、自分で家事をしなくてもすむようになるので、その状態に満足して結婚する必要性を感じません。

　同棲すると結婚できなくなると言われるのも、男性が不便を感じなくなるためです。献身的に何でもやってあげる「お母さん女」は便利なので、男性は手放したくないと思いますが、結婚したら家事をサボったり、口うるさく豹変《ひょうへん》する可能性もあるため、そのままの関係が好ましいのです。

　そこまで何でもしてあげてしまうと、結婚後に家事を手伝ってほしいときに何もできないダメ夫を育ててしまうことになるのです。

こんな話をすると、「妻は家政婦じゃない」と思う方もいるかもしれませんが、少し考えてみてください。

女性が結婚を考えるさまざまな理由の1つに、収入面の安心を得るためということが少なからずあるはずです。

もちろん、それだけではなく、心の休まる時間が欲しいことや、子どもが欲しいことなどもありますが、同じように、男性も結婚を考える理由の1つに生活面を支える家事を女性にまかせたいなどと考えているはずです。

もちろん同棲は、お互いの生活習慣を知る上でもいいことですので賛成ですが、同棲するときは、ダラダラと同棲生活が続き、結婚が遠ざかることがないよう、親への挨拶《あいさつ》をすませてから始めることをオススメします。

第2章

失敗しない戦略を立てる

男心をつかむ
愛されコミュニケーション

料理も結婚も、目標を決めておくこと

いつまでに結婚したい、と考えたことはありますか？

なんとなく、「40歳までには」「35歳までには」などのキリのいい数字でイメージ的に考えている人は多いかもしれません。

そのイメージができたら、次はそこから逆算して考えましょう。

たとえば、35歳の誕生日までに結婚したいなら、プロポーズはいつまで？　彼氏をつくるのはいつまで？　と考えることで、行動も変わってきます。

結婚は、式を挙げる、籍《せき》だけを入れるなどさまざまなスタイルがありますが、プロポーズから式までの期間が長ければ会場を選んだり、ドレスの試着を何度もできたり、選択肢はどんどん増えていきます。

これまでたくさんの女性を見てきましたが、結局のところ、結婚ができるのは

「絶対に結婚したい」と諦めない女性です。

お友だちに婚活していることを知られたくないから、バレそうな活動はしないとか、結婚できないから来ていると思われたくないから、パーティーには行かないなど、世間体を気にしている女性より、結婚して幸せをつかむために行動すると決めた女性のほうが結婚できるのです。

料理も結婚も、目標を決めて思い立ったらすぐ動くことが大切。

結婚が決まって慌《あわ》てて料理教室に通う方もいますが、その前から料理をできるようにしておくほうが、結婚式の準備や新居、仕事の準備などもいろいろできます。

目標と、その後の幸せな状態をしっかりイメージできれば、仕事が忙しいからと婚活を後まわしにしたり、婚活疲れして行動が完全ストップしなくてすみます。どのようにイメージするかというと、料理と同じです。

料理に時間がかかるという方も、大抵、最初にイメージと目標ができていないことが原因です。

たとえば、カレーライスをつくることをイメージしてください。カレーライスの完成品をイメージして、玉ねぎと人参《にんじん》、じゃがいもを切ることから始まります。時間がかかる方は、レシピを1つずつチェックして、まずは玉ねぎを切る。切り終わってからレシピを確認する。次に人参を切る。切り終わってからレシピを確認する。というように、何度もレシピを確認します。

すると、完成までの間に、「先に鍋を洗っておけばよかった」「先にご飯を炊いておけばよかった」とロス時間があり、「料理は時間がかかるからつくるのがめんどくさい」と遠ざかってしまいます。婚活でも、事前にどんな式にしたいのか、どんな結婚生活にしたいのか、どのくらいの時間が必要なのかをイメージしておくことで、いま何をするべきかも明確になっていきます。

彼の心と胃袋をつかむルール

❖料理も婚活も逆算してから始める。

エプロンで自分に気合いを入れよう

あなたは料理をするときにエプロンをしていますか？

私服は誰にでも見せますが、エプロンはおつき合いする男性以外に見せる機会はあまりありません。男性はエプロン姿が好きです。実際にマイナビニュースで独身男性にとったアンケートでも、女性のエプロン姿が好きな男性は89・９％という結果が出ています（マイナビウーマン調べ２０１４年12月のＷｅｂアンケート。有効回答数１０９件。22歳〜39歳の社会人男性）。エプロンが、家庭的なイメージにつながることが「好き」の理由として上がっています。

男性は無意識のうちに、性格と職種を結びつけて考えています。

心理学では認知バイアスと言いますが、

「警察官なら真面目で約束を破らないだろう」

「保育士なら子ども好きで世話を焼いてくれるだろう」
「料理研究家なら料理好きで毎日つくってくれるだろう」
「看護師なら優しくて世話焼きだろう」

などの印象を受けているので、エプロンをしているだけで、料理が上手だろうというイメージを持つのです。エプロンをつける女性側も、エプロンをつけないよりもつけたほうが、料理に対して意欲が湧《わ》きます。

和服を着ると、自然と背筋がピンとしたり、新しい水着を買うと早く海に行きたくなるのと同じように、新しいエプロンを買えば、つけて料理をしたくなりますし、つければ、料理がいつもより上手な気分になります。

このような心理効果もあるので、エプロンはお気に入りのものをつけましょう。

給食当番の割烹着《かっぽうぎ》のようなエプロンでは、家庭的を通り越して、お母さんのイメージになりますし、キャラクターもののエプロンでは、幼稚園の先生のイメージになるため、エプロンはどんなデザインを選ぶかが重要です。

普段着ている服が無地やシンプルな人ほど、エプロンは華やかなデザインを選びましょう。服はどうしても着まわしを考えるとシンプルになりがちですが、エプロンは毎日外に着ていく服とは違うので、冒険ができます。

無地の服には柄の華やかなエプロンが映《は》えるのです。気に入ったエプロンを購入したら、必ず彼の前で披露するまでに自宅でもエプロンをして料理をすることに慣れておきましょう。

以前、「彼の家で料理をしたときにエプロンに値札がついていたことに気づかなくて、普段料理をしていないことがバレました」と笑いながら報告してくれた女性がいました。せっかくなら彼の前で初めてつけたいと考える方もいますが、折りジワがついた、いかにも新品なエプロンは、彼にもすぐわかります。

高校生カップルでしたら可愛いエピソードですが、結婚を考える女性にとっては、戦略的だと思われるのはマイナスになります。

彼の心と胃袋をつかむルール

❖お気に入りのエプロンで非日常感を出す。

デートのお店、メニュー選びを彼まかせにしない

デートのお店やメニューの選び方にも、普段の習慣が出るものです。

相手におまかせするのは、彼への気遣いではありません。

仕事が忙しい男性の場合、選択肢を出してもらったほうが、うれしい場合があるのです。

女性同士は、「最近こんなお店がオープンしたよ」「あのお店がよかった」など、会話の中で、さまざまな情報を交換しますが、男性は、そんな会話はあまりしません。安心感もあって、つい「いつものお店」に行きがちです。

でも、新しいお店を教えてもらえるのは、自分の世界が広がるので、うれしいのです。女性からの提案は大歓迎ですし、女性も自分の提案で彼が喜んでくれるのは、うれしいことでしょう。

女性の中にも、「思いつかない」「特に行きたいお店やこだわりはない」という方もいるでしょう。

そんなあなたにお伝えしたいのは、「自分の感情としっかり向き合いましょう」ということです。

結婚は、人生における大きな決断です。

年齢を重ねるうちにたくさんの経験をし、選択肢が増えることで、「本当にこの男性とおつき合いしていいのかな」「結婚していいのかな」と迷うのも、当然のことです。

そんなとき、普段から自分の感情と向き合う習慣ができている方は、決断をすることができます。

デートのお店選びや、メニュー選びは、自分がいま何を食べたいのか、何がしたいのか、どんなお店が好きなのか、どんなお店が心地いいのかなど、自分の感情と向き合う練習になります。

「私は優柔不断《ゆうじゅうふだん》で決断力がない」と感じているなら、カフェでも、レストランでも、お店に入ったら、人と同じものをオーダーするのはやめて、自分の食べたいものを、瞬時に決めて注文する練習をしていきましょう。

心からおいしいと感じる料理は、自分のからだが必要としている栄養素を含んでいるものですから、自分の感情としっかり向き合うことができれば、おいしい料理に出会うこともできます。

彼の心と胃袋をつかむルール

❖自分の感情と向き合って、自分の意見を持つ。

彼の好き嫌いを観察するために、あえてしないこと

どこに行っても、料理を女性が取り分ける姿を目にしますが、宴会の広いテーブルで手が届かないだろうからと自然に取り分けをする女性は、気がきく女性だと感心します。ただ、いつからか料理を取り分けることが女子力というイメージが定着し、どんな状況でもすべての料理を取り分ける方がいますが、すべてを取り分けてしまうと、相手の食べ物の好みを知るチャンスを逃してしまいます。

最初の1~2品くらいを取り分けるのがちょうどいいペースです。

最初に運ばれてきた料理は箸を伸ばしづらいですし、自分のお皿にだけ盛るのは気が引けますから、取り分けたほうが食べやすいですが、途中からは各々が好きなものを取るほうが気が楽です。

実際に、さまざまな方と食事に行ったり、仕事の会食をする際に、会話をしながら相手が何に箸を伸ばすかを観察することがあります。

途中から取り分けをしないで見ていると、好きなものだけは何度も箸を伸ばしますし、最初に出てきたサラダをもう一度お代わりするのは大抵女性です。

会話をしながらも自分が食べることに集中するのではなく、相手の行動を見ておくことで、飲み物がなくなったことにも気づきますし、好き嫌いにも気づきます。何度もビールをお代わりする男性には、ビールの種類が揃《そろ》っているお店を提案すれば次のデートにつながりますし、お酒ばかり飲んで食べない男性には、料理を注文しすぎないように予防ができるなど、気がきく女性は観察力に優《すぐ》れているのです。

おつき合いがスタートして、手料理をつくるようになったら、外食でよく注文している メニューや、よく箸を伸ばしている味を覚えておけば、彼が喜ぶ料理ぴったりにつくることは簡単です。

以前こんな相談を受けたことがありました。

「会社の飲み会で、男性社員に、料理を取り分けない女性は気がきかない、女性が取り分けるべきだ、と言われたことがあります。本当に取り分けしなくてもいいですか？」

会社で大人数の宴会のときは、料理から遠い人のために気を遣うことはいいことですが、義務ではありません。

取り分けるのは女性のやることだと考える男性は、明らかに家事に協力する考えがない男性です。結婚後は、食べ終わった食器をキッチンに持っていくこともせず、女性にまかせる亭主関白なタイプです。

世話好きで、何でもやってあげたいと考える女性は、気にしなくてもいいのでしょうが、もし、結婚後は共働きの予定で家事もシェアしたいと思っているなら、男性自ら取り分けてマメに動く男性を選ぶことが理想の結婚生活につながります。

彼の心と胃袋をつかむルール

❖料理を取り分けるのが女子力ではない。観察力こそ女子力。

子どもの頃の話が、彼を落とすヒントになる

子どもの頃、テレビを見ながら食事をしていて親御さんに怒られたことがある方もいると思います。大人のように、テレビを見ながら食事をする器用さを持っていないので、テレビに熱中すると箸が止まり、ご飯をポロポロ落としたりしてしまう。そんな行儀の悪さも怒られる原因ではありますが、デートの際は食事に集中するよりも会話に集中したいものです。できるだけ会話に集中できる、隣のテーブルが離れているお店を選ぶことをオススメします。

食事をしているときに楽しい話をすると、消化もよく、心が解放されます。実際、咀嚼《そしゃく》中（料理を噛《か》んでいるとき）は、判断力が鈍《にぶ》くなり、人のお願いを聞きやすくなる心理効果があったり、満腹のときは、相手の提案を受け入れやすいという効果もあります。

食事中の会話でオススメしたい話題が、「子どもの頃の話」です。年齢や収入、仕事が違っても、共通点が多く、話が弾《はず》みやすいからです。

仕事ができるキャリア志向の女性の場合、最近の話や、仕事の話をすると、つい仕事の話に夢中になり、仲間意識が出来上がってしまうことがあります。

私の生徒さんでも、仕事のできる頭のいい女性は、仕事の話になると、仕事スイッチが入り、相手の仕事の社会性や効率性などが気になって、お互いに仕事の話で盛り上がって恋愛につながらずに終わってしまう方がいます。

子どもの頃の話は、お互いに利益も何も考えず話せる話ですから、「この女性は年収を探ろうとしているのか？」と思われることや、仕事スイッチが入って、仕事の打ち合わせモードになってしまうようなことを避けられます。

仕事ではキリッとしている女性でも、プライベートでは自然で安心感のある女性が男性にとっては魅力的です。

女性が彼との結婚を考え始めると、相手の家族のことを知りたいと思い、いきなり親に合わせてもらおうとする方もいますが、男性からしたら恐怖です。

いまの彼の家族のことを聞こうとすると、いきなりどう聞けばいいのかと迷いますが、子どもの頃の話をすれば、自然と家族の話になります。

子どもの頃、どんな部活をしていたのか、どんな子どもだったのか、どんな家庭で過ごしたのか、兄弟や姉妹の話など、共通点を見つければ話が弾み、どんな家庭で育ったのかを聞くことができれば、彼の家族や結婚に対してのイメージも知ることができるわけです。

ちょっと戦略的すぎる？　そんなことはありません。結婚している方は、何も計算せずに自然にどこかのタイミングで行っていることです。

意識して行うのか、無意識で行うのかの違いで、結果は同じですから何も気にする必要はありません。

彼の心と胃袋をつかむルール

❖子どもの頃の話は、相手をもっとよく知るチャンス。

玉の輿に乗りたいなら、自分の食生活を変える

「私、収入の高い、海外駐在のある仕事をしている男性と結婚がしたいです。そのためには、海外の食材でもちゃんと料理をつくれるようにしておいたほうがいいので、『愛されめし』が必要だと思いました」と、レッスンに参加されたNさん。彼女は、英語も必要と英語を学び、食材が違う状態でも料理がつくれるように料理のスキルも身につけ、理想の男性と結婚していきました。

「何も努力をしないでお金持ちと結婚したい」と、高収入の男性が集まるパーティーに参加するだけでは、男性も「お金目当てだ」とわかり、おつき合いはできても結婚までは、なかなかたどり着けません。

また、いまおつき合いしている彼が、現在はお金持ちではなかったとしても、あなたが彼をお金持ちに育てることもできるのです。

「高収入の男性と結婚したい！」「いまの彼を高収入にしたい！」と思うのであれば、まず最初に自分の食生活から見直しましょう。

収入が高ければ高い人ほど、健康には気を遣っています。自分のからだが資本と考えているため、ダイエットをする方法も、

・年収300万円以下の方は、自分でできる運動や食事抜き
・年収500万円以上の方は、ジムでパーソナルトレーナーをつける
・年収1000万円以上の方は自分に合った食生活

というように、食事を大切にしています。

厚生労働省のデータで、年収が低い人ほど、炭水化物中心の食生活だということがわかっています。炭水化物は、すぐに満腹になりますし、金額も安いことが影響しているようです。

もちろん、炭水化物を食べないほうがいいということではありません。

炭水化物抜きのダイエット法もありますが、長年続けることは難しいですし、きちんと勉強して行わないと健康面の危険もあります。年収が高い方は、野菜やた

んぱく質などバランスよく食べているということです。

私も過去、年収の高い方とおつき合いをしたことが2度ほどありますが、彼らは2人とも仕事にはもちろん、自分の体調管理にもストイックでした。

普段、さまざまな会社の社長様と一緒に食事をする機会をいただきますが、好きなものを好きなだけ自由に食べている面しか見ていませんでした。

そんな方たちも、外食が続くと、からだがシンプルな味つけの和食を求めたり、野菜を求めたりするのを敏感に感じるようで、ご自身でバランスをとっています。

億を稼ぐ方と結婚をしたいのであれば、家事はすべて家事サービスを依頼すればいいので、あまり家事能力は求められず、マナーや社交性を磨くことをオススメします。ですが、年収1000万ほどの男性であれば、自分ですべてを行っている方も多いのです。

普段、コンビニやスーパーのお惣菜《そうざい》ばかり買って家で食べているのでは、出会いにもつながりませんので、外食もしましょう。チェーン店の安いお店は、気を遣《つか》わなくてもいいし、気が楽かもしれませんが、ある程度いい金額のお店や落ち着いたカフェのほうが年収の高い方にめぐり会う可能性は高いかもしれません。毎日コンビニのお弁当を家で食べているより、出会いのチャンスに恵まれますし、何よりも、デートで高級店に行ったときに、緊張せずに自然にふるまえるので、会話も弾みやすくなります。

もちろん毎日外食では経済的にも苦しいですし、心も休まりません。だからこそ、普段は自炊です。自分のからだがいま何を求めているのかを敏感に気づけるようになり、将来のための料理のスキルも身につき、自分のからだが健康になるので、一石二鳥を通り越して三鳥、四鳥といいことだらけです。

彼の心と胃袋をつかむルール

❖会話レベルが合う食習慣を身につける。

幸せな結婚をしたいなら、尽くしすぎないこと

料理を身につけてプロポーズを引き出すということは、相手に尽《つ》くすことで結婚できるという意味だと誤解して、「尽くしてまで結婚したくないのですが、結婚はしたいです」と言う女性がいます。

はっきり言って、尽くす女性や媚《こ》びる女性より、尽くさない、媚びない女性のほうが幸せな結婚生活が送れます。

料理で胃袋をつかむとは、尽くすことではなく、自分の価値を高めることです。

尽くすことが好きな女性もいますが、それは恋愛初期の間だけです。

恋愛初期の頃は、尽くすことで彼の喜ぶ顔を見られるので幸せを感じますが、尽くすこと自体が好きなのではなく、喜ぶ顔を見るという結果が好きということなので、長くは続きません。

おつき合いが長くなればなるほど、私はこれだけ彼に尽くしているのに、彼からは何も返ってこないという不満が出てくるのです。

料理自体を好きになると、尽くすのではなく、好きなことをしているだけで彼が喜んでくれるので、幸せな結婚生活を送ることができます。

逆に無理をして尽くしていると、我慢をすることに疲れてしまい、幸せになりたくて結婚したのに、自分で苦しい状態を作り出すことになってしまうのです。

幸せな結婚生活を送りたいなら、彼が、「この女性を手放したくない」と思うポイントを押さえれば、尽くさなくても、「欲しくて欲しくたまらない価値の高い女性」でいられるのです。

人気商品は現品限りであっても、少し高くても、すぐに完売するのと同じです。

彼の心と胃袋をつかむルール

❖ 無理して尽くさない。

column

「持ち寄り1品」の会ではずさない絶品メニュー

お花見やバーベキュー、花火やホームパーティーなど、季節ごとにあるさまざまなイベントは、出会いのチャンスでもあり、彼の友だちに会うチャンスでもあります。そんなときに、ちょっとだけ頑張りたいのが差し入れや持ち寄りの1品です。

主催するとわかるのが、料理の準備や買い出し、発注などが本当に大変ということ。だからこそ、差し入れは主催者にとってありがたいので、気のきいた差し入れをできる人には次回もまた声をかけたくなるものです。

実はこのようなイベントは、おつき合いに発展しやすいチャンスで、私の教室の卒業生の中にも、お花見に持っていった料理が印象に残ったらしく声をかけてもらえたことからおつき合いが始まった方や、花火に持っていった料理が大絶賛で片思いが実った女性、主催者にお見合いを組んでもらえた女性など、手づくり料理から結婚へのステップを踏んだ方が何人もいます。

実はこのような会では、購入したお惣菜やお菓子、お酒を手土産にするほうが多いので、手料理はインパクトがあり、記憶にも残りやすいのです。

手料理を持っていくときに必ず悩むのが、「何をつくろう？」というメニュー選びです。

つい得意料理やつくり慣れている料理が頭に浮かぶのですが、まず考えたいのはどんな方が参加するのか。

女性が多い場合は、見た目が華やかな写真映えする料理、男性が多い場合には肉料理が理想です。サラダや副菜は、つまみやすいですし、つくるのも簡単ですが、やっぱり肉料理や炭水化物のほうが印象に残りやすいですし、おなかにも響きます。

男性も女性もどちらも来る場合や、どんな人が参加するかわからない場合などもあるので、今回ご紹介する料理は、男性にも女性にも子どもにも喜ばれる初心者でも間違いない1品です。

【手まりおむすび】

ミニサイズのおむすびをお弁当箱に並べるだけですから、誰でも簡単にできます。上にのせる具材を何種類か用意することで華やかになるので、写真映えもします。

＊8個分

□ご飯…2合
□ツナマヨや鮭フレークなどの好きな具材…適量
□市販のふりかけ数種…適量
□牛肉の薄切り…適量
□醤油…小さじ1
□みりん…小さじ1
□酒…小さじ1

（1）具材をのせるおむすび

ラップの中央に、好きな具材を置き、上にご飯をのせて丸く握ります。

（2）混ぜご飯おむすび

ふりかけタイプのおむすびはボウルで混ぜご飯をつくってラップでまん丸に握ります。

（3）肉巻きおむすび

少し硬めに丸く握ったおむすびに肉を巻きつけて小麦粉を薄く振ります。フライパンで焼いて、醤油、みりん、酒をからめて完成。

＊ポイント

・おむすびのサイズはお箸で持てる、ひと口か、ふた口で食べられるサイズにすると、肉巻きも手を汚さずにお箸で食べることができます。

・具材は赤、黄色、白、緑、黒が揃うと、きれいに見えます。

第3章

相手によって対処法は変える

彼の好き嫌いを
徹底リサーチ

好き嫌いの多い男性は結婚には不向き？

人それぞれ個性があるように、食事の好みも人それぞれ。どんな調理法でも、どんな味つけでも食べられないというほどの嫌いな食材がある方もいれば、完熟玉子は好きだけど半熟は嫌いなど、食材は同じでも食感が変わると食べられないという方もいます。

好き嫌いがあること自体は問題ありませんが、あまりにも嫌いなものが多く、偏食のレベルまで食べられる食材の幅が狭い男性は、結婚が難しいことも事実です。つくる料理が限られてしまうこと、デートで行くお店が限られることがその理由としてあげられます。

たしかに、好き嫌いがない男性のほうが、料理をつくるほうも気をつける必要がなく、自由につくることができるのでストレスもありません。

まずは好き嫌いがなぜできあがるのか、理由を理解しておきましょう。

好き嫌いが起こる理由は3種類あります。

1つめは、病気や先天性の場合。どんな音でも、1つの音を聞いただけで「これはラの音」などと識別できる絶対音感は有名ですが、同様に遺伝によって人より味蕾《みらい》が多く、味覚が敏感な人もいます。あまりにも敏感だと、普通の人よりも苦みを強く感じすぎて食べられないことなどもあるようです。

遺伝の場合や、病気の場合は簡単には治りませんので、専門家に相談しましょう。

2つめは、子どもの頃の家庭環境によるもの。子どもの頃に食卓に並んだことのない食材は、食べ慣れないので苦手になったり、ジャンクフードばかり食べていると、食材そのものの味がわからないまま育つので、人工的な味が好きになる傾向があります。また、食べた後お腹を壊したり、具合が悪くなった経験があると、トラウマになって食べられなくなることもあります。

家庭環境が問題の場合は、あまりにも好き嫌いが多くなければ気にしなくてもいいのですが、多い場合は3つめの理由とつながっているので注意が必要です。

3つめは、性格の場合。このパターンがいちばん結婚を遠ざける理由になっています。好き嫌いが多い人の場合、ほとんどは性格が理由になっています。

好きなものしか食べず、嫌いなものは食べないワガママを続けている結果、大人になっても食べず嫌いのままなのです。

自分1人だけの食事であれば好きなものを食べればいいのですが、問題は同棲や結婚後のストレスです。

料理をつくるほうも、使える食材の幅が狭《せば》まれば、つくるメニューも限られますし、何も考えずにつくれば、食べてもらえないのです。

彼の心と胃袋をつかむルール

❖彼も自分も、食べず嫌いを克服する。

嫌いな食材が何かではなく、どこが嫌いなのかを知る

誰でも好き嫌いが1つや2つはあるものですが、レッスンをしていると必ず質問があるのが、「彼はトマトが嫌いなのですが、トマトは入れなくてもつくれますか?」という、嫌いな食材を除外できるかという質問です。

トマトや玉ねぎ、マヨネーズなど、一般的によく使う食材や調味料が嫌いだと、その食材を使った料理は一切つくれないため、自分も食べられなかったり、レパートリーが増やせずに困ります。

もし、嫌いな食材が一般的によく使う食材の場合は、どこが嫌いなのかも聞いておきましょう。

たとえば、トマトが嫌いな場合は、トマトの種の部分のがぐちゃっとしているのが嫌いという場合や、青臭さが嫌いという場合、皮の硬さが嫌いなど、いろいろなパターンがあります。

種が嫌いな場合は、最初に半分に割って種を取り出し、果肉だけ使えばクリアできますし、青臭さが嫌いな場合は、焼く、煮るなど調理法を変えればクリアできます。

専門学校で働いていた頃、現場研修で、トマト農園を学生たちと共に訪れたことがあります。

料理の仕事をする上で、食材のことを学ぶための学習ですが、トマトが嫌いな学生もいました。

特別な農法でつくられたトマトは、普通のトマトより数倍甘く、「いつも食べているトマトとは違う」「甘い」と次々に感想を口にする友だちの様子を見て、トマト嫌いな学生も、ひと口食べてみたところ、「このトマトは食べられる」とトマト嫌いを克服したことがあります。

じゃがいもも、男爵、メークイーン、キタアカリなど種類によって味が違うので、種類や栽培法の違いで食べられることもあります。

彼の本当の「嫌い」を知るために、「嫌いだから使えない」で終わらせるのではなく、「こうであれば食べられる」ところを見つけだすことが大切です。

彼の心と胃袋をつかむルール

❖好き嫌いがあっても、すべてがダメなわけではない。

濃い味が好きな彼に対処する方法

味つけの濃い、薄いの好みは、週に1~2回しか一緒に食事をしない場合は問題が出てこないのですが、同棲や結婚をして料理を頻繁《ひんぱん》につくることになると、悩みの種になってきます。

Eさんも、旦那様との味つけの好みの違いに悩まされた1人でした。

「旦那は味が濃い料理が大好きで、私がつくる料理に塩をかけて食べるので、健康面も心配です。胃袋をつかみたいけど、旦那の好きな味に合わせたほうがいいですか？」

という相談がありました。

彼や旦那様が、あまりにも濃い味が好きな場合、健康面も心配ですし、自分がつくった料理にさらに味つけをされると、「料理がヘタだ」と言われているように感じて、ストレスになってしまいます。

ですが、「健康のため」と言って薄味にしても、彼にとっては「嫁の料理は味がしない」とストレスになりますし、外食のランチで味の濃い料理を食べていれば、妻の健康管理も無意味に終わってしまいます。

味の好みが違う場合、彼に料理をつくる頻度に合わせて、ステップを踏んでいくことがお互いにストレスなく、胃袋をつかめるポイントになります。

もし、あなたがまだ手料理をつくる回数が少なかった場合、あなたが1回つくった手料理が薄味で健康的な料理だったとしても、その他の毎日食べている食事が濃い味の料理なら、あなただけが頑張っても残念ながら彼がすぐに健康的になるわけではありません。

そして彼からは、彼女のつくる料理は味がないから料理がヘタだと認定されて、いいことは何ひとつありません。

まずは食事を頻繁につくるようになってから少しずつ、味を薄味に調整していきましょう。

月に1～2回つくる関係性のときは――

・彼の好きな料理

・彼が普段よく選んでいるメニュー

・彼好みの味つけ

週に1～2回つくる関係性のときは――

・彼が普段食べている料理で不足している栄養素（野菜など）

・旨みと塩分はしっかりとした味つけ

週に3～4回つくる関係性のときは――

・他の日に食べている料理とのバランスを見た料理

・野菜を少し多め

毎日つくる関係性のときは――

・毎日ほんの少しずつ味を薄くしていき、慣れてもらう
・野菜中心の食生活
・時間短縮や手抜きも取り入れる

というように段階によって変えていけば問題ありません。
まず最初は、彼が「おいしい」という味の料理をつくり、「彼女のつくる料理はおいしい」という認識を持ってもらうようにしましょう。

彼の心と胃袋をつかむルール

❖タイミングによって料理を変える。

ジャンクフードに慣れている彼に対処する方法

ひとり暮らしが長い男性の場合、ハンバーガー、ピザ、スナック菓子が大好きという人もいます。

「彼が私のつくったご飯を食べてお腹いっぱいと言っているのに、その後ポテトチップスを開けて食べ始めます。お代わりもいらないと言うのに、私の料理に不満があるのでしょうか？」

と、メール相談が届いたことがあります。

たしかに、料理を一生懸命つくってお腹いっぱいと言っているのに、すぐにお菓子を食べ始めたらショックです。

私の1度目の結婚相手も、食事後にお菓子を食べる人だったので、不思議に思って聞いたことがありますが、これは習慣によるものでした。

長年のひとり暮らしでお菓子を食べる習慣が身についていると、お腹いっぱいでもお菓子を食べることが当たり前になっていることがあります。

女性の場合、カロリーや栄養のことを男性よりも気にしています。少しでも多くの野菜をとろう、バランスよく食べようと考えます。

けれども、男性にはその概念がないため、好きなものばかり食べてしまいます。彼女の料理に不満があるわけではなく、目の前にあるから食べているだけなので、深く考えないほうがいいのです。

また、料理をし始めると、出汁《だし》も顆粒《かりゅう》だしではなく、鰹《かつお》と昆布でとった出汁を使いたいと考えて、切り替える女性も多いのですが、普段から顆粒だしに慣れている男性の場合、鰹でとった出汁は薄く感じてしまいます。

せっかく手間暇《ひま》かけてとった出汁より顆粒だしのほうがいいと言われたことにショックを受けるのですが……。

顆粒だしには塩が入っているため、味が濃く感じます。

人工の味から素材の味に切り替えたいのであれば、少しもったいないと感じるかもしれませんが、最初は顆粒だしと自分でとった出汁を混ぜて使ってみましょう。

少しずつ顆粒だしの割合を減らしていくことで、自然と素材そのものの味に慣れていきます。

彼の心と胃袋をつかむルール

❖いきなり変えるのではなく、少しずつ慣れてもらう。

彼に野菜を食べさせる方法

手料理をきちんとつくろうとする健康志向が強い女性の場合、気づくと食卓が野菜だらけになることがあります。

以前、レッスンに通っていた女性は、私のメルマガを読み、彼が来る日は肉料理をつくっていたそうです。

ところが、彼から「肉が食べたい」と言われ、「肉入っているでしょ?」と肉と野菜の炒め物を指したところ、彼から「これは野菜料理だ」と言われたそうです。

このように、女性と男性の認識は違います。

男性は、肉が入っている料理ではなく、肉料理が好きなのです。

そんな男性に少しでも健康のために野菜を食べてほしいと思うのが女性なのですが、さまざまな男性に普段の食生活を聞くと、ほとんどの独身男性が最も多く食べているのが、ラーメンや米などの炭水化物と肉や魚などのたんぱく質です。女性のように、サラダを食べる習慣もありません。

女性は野菜を食べるというと、サラダというイメージがありますが、サラダばかり続くと飽《あ》きが来ます。

過去に、彼から「俺はウサギじゃない」と言われた女性もいました。

男性にとって、サラダは野菜をちぎるだけで、料理ではないという認識もあるので、炒める、煮るなど、調理方法を変えて、野菜を出すようにしましょう。

生野菜でも飽きないように工夫するには、ドレッシングを変えることです。

スーパーに行くと、たくさんのドレッシングがずらっと並んでいますが、飽きないようにあれこれ揃えようと思うと、冷蔵庫に何本もドレッシングが並ぶことになります。

ドレッシングは割合さえ覚えれば簡単に手づくりができるので、挑戦してみてください。毎回違う味にすることで、飽きることを少し緩和《かんわ》することができます。

ドレッシングの割合は、油3：酸味1に塩味を少々。

イタリアンなら、オリーブオイルとレモン汁、塩こしょう。

中華なら、ごま油と酢と醤油。

油と酸味のあるものであれば、自由に組み合わせてドレッシングをつくることができるので、毎回同じ味にならなくてすみます。

彼の心と胃袋をつかむルール

ドレッシングで変化をつける。

料理についての、彼の正直な感想を聞こう

「大丈夫？」と聞かれて本当は大丈夫ではないのに「大丈夫」と答えることはありませんか？

これは、クローズドクエスチョンと言って、「はい」「いいえ」の2択になる質問の仕方をしているため、「大丈夫」と答えやすいよう無意識に誘導しているからです。他人に迷惑をかけてはいけないと育てられてきた日本人にとって、「大丈夫ではない」とは言いづらいことなのです。

同じように、「おいしい？」と聞かれると、本当はもう少し味が薄いほうがいいなと思っていても「おいしい」と答えるのは、質問の仕方が「おいしい」「おいしくない」の2択でしか答えられない聞き方だからです。

基本的なコミュニケーションの取り方には、2択になるクローズドクエスチョンと、自由に答えるオープンクエスチョンの2種類があります。

デートのお誘いなどの話をスムーズに進めたいときや、何を食べるのかをスムーズに決めたいときは、選択肢を絞《しぼ》って、その中から選んでもらうクローズドクエスチョンが向いていています。

「彼のことを知りたい」「どう思っているのかを言葉にしてほしい」と思うときはオープンクエスチョンで質問をします。

料理をつくったときに、「おいしい?」と聞くと、「おいしい」「おいしくない」の2択になるので、会話はスムーズですが、彼の本音はわからないままです。

もしかしたら、特別おいしいわけではないけどつくってくれたから、ありがとうの意味で「おいしい」と言っているのかもしれません。

ここで彼の正直な感想を聞くことができると、次回、彼の好きな味に近づけることも簡単です。

彼に感想を聞くときは、「おいしい?」というクローズドクエスチョンではなく、「味はどう?」とオープンクエスチョンに変えましょう。

「ちょっと薄かったかな？」と不安なときは、「ちょっと薄いかな？　と思ったけど、味はどう？」など、こちらから薄いかもという前提で聞くことで、彼も正直な感想を話しやすくなります。

「大丈夫？」というクローズドクエスチョンよりも、「顔が険《けわ》しいけど何かあった？」とオープンクエスチョンで聞かれるほうが話しやすく、大したことない小さなことでも共有しやすくなります。

とある既婚男性に向けたアンケートによると、世の中の既婚男性の4人に1人が妻の料理に満足していないという結果が出ています。

人によって味の好みは違うものですし、正直な感想を言えるほうが、お互いのすれ違いもなくなります。小さなところに夫婦円満の秘訣があるわけです。

彼の心と胃袋をつかむルール

❖ 正直な感想を聞けることが、円滑なコミュニケーションにつながる。

食事をコントロールして、彼の年収を上げる

お金持ちと結婚したいとまではいかなくても、自分も彼も、少しでも年収が上がればうれしいと思っている人がほとんどのはず。

年収を上げるには、仕事で成果を出すことが必要です。

仕事で成果を出すには、集中力や体力を上げることが必要です。

集中力や体力を上げるには、体調管理が必要です。

体調をしっかり整えるには、食生活を整えることが必要です。

からだは食べたものでつくられているので、食事のコントロールが年収につながると考えられます。

アメリカでは、太っている人は自己管理ができていない、だらしのない人間だから、仕事も管理できないだろうと判断されるそうです。

最近は日本でも、男性ビジネスマン向けの食事コントロールの本が、次々と販売され、食に対して意識の高い男性も少しずつ増えてきています。

以前レッスンに通っていたRさんは、

「つき合い始めた彼が、おいしいものが大好きで、食べ物にはうるさい人です。手料理を食べたいと言っているけど、自信がないからつくれなくて困っています。結婚をしたいから将来のことも考えて料理を上達させたいです」

と学び始めました。

Rさんの彼のように、食べることが好きな男性や、健康関係の仕事をしている方の場合、食への意識が高いため、女性にも食事コントロールを求める方もいます。

彼の年収を上げたいと考えるのであれば、ラーメン、パスタ、オムライスなどの炭水化物に偏《かたよ》った食事は避けるようにしましょう。

炭水化物だけの食事は、一気にインスリンが出て、その後急激に眠くなります。野菜や肉、魚など栄養バランスの整った食事と、食事量に気をつけると、急激な眠気に襲われることもなく、集中して仕事に打ち込むことができます。

ですが、実際に細かい栄養バランスまで、気をつけて食事をつくることは忙しい女性には難しいこと。

一つひとつの食材の栄養を覚えることは、かなり面倒なことです。

プロスポーツ選手など、からだが資本の仕事を支えるのであれば、しっかり学ぶ必要がありますが、一般的な会社員なら、ざっくりとしたバランスを覚えれば充分です。

一日の食事を、

- **緑黄色野菜と果物類40％**
- **主食や芋類40％**
- **たんぱく質12％**
- **乳製品7％**
- **油1％**

というように、大まかに考えましょう。

次に食事量も、集中力を上げ、パフォーマンスの高い仕事をするためにはコントロールが必要です。

人間は食べすぎたり、炭水化物を多くとりすぎたりすると、血糖値が一気に上がるため「眠くなる」「倦怠感《けんたいかん》がある」という状態になります。

食べすぎはもちろん肥満の原因にもなります。

料理を中途半端に鍋に残したくないからと、お皿にたくさん盛りつけるようなことはやめて、つくり置きとして、翌日にまわすようにしましょう。

彼の心と胃袋をつかむルール

❖食事で年収を上げることができる。

column

ご飯の炊き方は、地域や環境で好みが違う

「ご飯を炊くなんて、炊飯器のスイッチを押すだけだから誰でもできる」と思っていませんか?

高級な炊飯器を買えばおいしいご飯が炊けるのは確かです。ですが、いま使っている炊飯器を買い換えなくても、今よりおいしいご飯にすることはできます。

ご飯は、硬めの炊き上がりが好きな方もいれば、柔らかめの炊き上がりが好きな方もいます。全員が同じ好みなわけではありません。

お弁当やおむすびにすることを考えると、冷めてもおいしい米であること、米の味がしっかりしていること、甘みがあることを条件に選ぶのがいいでしょう。

日本人は、「何事にも真面目に取り組まなくてはいけない」と思う方が多く、「無洗米ではダメですか?」という質問をいただくことがあります。

結論から言えば、便利なものはどんどん取り入れてよいと思います。

「こうしなくてはいけない」「あのやり方でなくてはいけない」と考えると、料理はどんどん面倒なものになります。

料理に自信がなくても、ご飯を好みの硬さにおいしく炊くことができれば、カバーできます。切るだけの明太子、切るだけのお漬物など、おかずは手をかけなくても素材そのままで、おいしいものはたくさんあります。

ご飯は、西に行くほど柔らかめが好みで、東へ行くほど硬めが好みと言われますが、関西出身だから柔らかめと簡単に決めつけることはできません。

水にこだわって、浄水器の水でご飯を炊く方もいますが、お米がいちばん水分を吸収するのは最初に触れた水です。水道水でお米を研《と》いで、浄水器の水でお米を炊いても、混ざってしまっていますので、浄水器の水のこだわりがあるなら、研ぐときにも浄水器の水で研ぐ必要があることを忘れずに。

第4章
自分の苦手を克服する

料理好きなだけでは
問題は解決しない

レパートリーが増やせない？

料理のレパートリーは増やそうとしなくても大丈夫です。

その代わり、誰よりおいしいと胸を張って言える料理を10品つくれるようになりましょう。

料理に取り組み、毎日つくるようになると困るのが、レパートリーの少なさです。

週に1度つくる程度の場合は4~5品のレパートリーがあれば、ローテーションすればいいので問題ありません。

けれども、同棲や結婚で毎日つくるようになると、「今日は何をつくろう」と献立を考えることがいちばん面倒な時間になるのです。

レパートリーが少ないと悩む方の場合、新しいレシピを増やそうとレシピ本を読んだり、料理教室に通ったりするのですが、新しいレシピで料理をつくってみても、容易に身につくわけではありません。

結局、1度つくったきりで終わってしまうレシピばかりが増えることになります。

新しいレシピを増やすよりも、いまつくることができる料理のアレンジを考えるほうが、簡単にレパートリーが増え、無駄な時間もお金もかかりません。

たとえば、ハンバーグがつくれるのであれば、

- 茹でたキャベツに包んで鍋に並べ、コンソメと水で煮込んでロールキャベツ
- ひと口サイズにつくって転がしながら焼き、ミートボール
- 衣をつけて揚げてメンチカツ

など工夫をすることで、さまざまな料理のレパートリーを増やすことができます。

レパートリーを増やすために必要なことは、新しいレシピを増やすことではなく、発想力を鍛えることです。

ハンバーグなら、似たような料理を思い出し、焼く、茹《ゆ》でるなど、他の調理法にしたらどうなるかをイメージすることで同じ料理が手間なく、新しいレパートリーとしてどんどん増えていきます。

新しい料理のレシピを覚えるのは大変なので、結局、いつもつくっていて、すでに記憶されている料理の出番が必然的に多くなります。

仕事をするときに、何もないところから新しくつくり上げるよりも、前回うまくいった仕事をテンプレートとしてアレンジするほうが楽にできるのと同じです。新しいレシピを記憶するよりも、いままで覚えてきた資産を活用する方法を考えましょう。

味を変えたらどうなるか、食材を変えたらどうなるか、調理法を変えたらどうなるかの3点から考えると思いつきやすく、簡単につくることができます。

10品を自信を持ってつくれるようになれば、1つの料理から3個アレンジするとしても30品がつくれるようになるということです。

肉じゃが、ハンバーグ、エビフライ、オムライス、トマトパスタ、野菜炒め、唐揚げ、ぶりの照り焼き、餃子、生姜焼きなど、定番料理と言われる料理は、簡単にアレンジすることができます。

家庭で定番料理をつくるために覚えておいたほうがいい調理方法は7つ。

❶焼く
❷煮る
❸炒める
❹茹でる
❺蒸す
❻和《あ》える
❼揚げる

家庭料理はすべて、このいずれかの調理法、または、その組み合わせでつくられています。

食材×調理方法×調味料＝料理

たとえば、

「卵×焼く×砂糖＝卵焼き」

という方程式です。

今日は時間がないという場合は、「炒める」を選択して、スクランブルエッグをつくることや、時間もあってバリエーションを増やしたいというときは、茶碗蒸しにするなど、調理方法を変えるだけで努力しなくても簡単にレパートリーは増えていきます。

彼の心と胃袋をつかむルール

❖ レシピをたくさん覚えなくても、発想力を身につければ大丈夫。

料理に時間がかかりすぎてしまう？

料理は慣れるまで時間がかかるため、慣れるまでは、「面倒くさい」という感情が先行してしまいます。

料理に時間がかかってしまう原因は、

❶ レシピを覚えていないため、本などで1つずつ工程を確認している
❷ 計量が苦手
❸ 一手間ずつ洗ったりして無駄な作業が多い

という3つに分かれます。

まず、レシピは最初に工程をある程度覚えて、完成までの流れを頭の中でイメージしておきましょう。

1つずつ読んで確認すると、「先にお湯を沸かしておけばよかった」などのロスタイムが生まれます。全体を把握《はあく》しておくことで、次に何をしたらいいのかがわかり、1回ずつレシピを読む時間も短縮することができます。

レッスンでも実習を行うと、2人同時に計量を始めたのに、終わるまでに大きな差が生まれることがよくあります。

料理初心者の方は、調味料を1つずつ計量していきます。慣れている方の計量は、調味料を2~3個まとめて覚えて計量しています。

ちょっとしたことではありますが、5種類の調味料を入れる場合に、5回レシピを確認するのと、2回確認するのでは、かかる時間がまったく変わってくるのです。

そして、時間がかかると悩んでいる方の行動を見ていると、キャベツを切ったらまな板を洗って、次にピーマンを切ったらまな板を洗って、というように、使うたびに洗っています。

肉や魚を切った場合には洗う必要がありますが、野菜であれば、毎回洗うのではなく、まな板の上に散らばった野菜をしっかり集めてきれいにすれば、洗って拭《ふ》く時間を短縮することができます。

30秒もかからないことでも、何回も行うと、かなりの時間ロスになり、工程も得意な人に比べてかなり多くなるため、料理は面倒だと感じてしまうのです。

この3つのことがクリアできたら、こんどは時間を計ってみることをオススメします。普段、どのくらいの時間で料理をつくっているのかを把握し、タイマーをセットすることで、時間を意識した動きができるようになるため、自然と無駄な動きもなくなります。ちょっとしたゲーム感覚です。

同じメニューをつくり、1回目と2回目では6分も違った女性もいます。想像より時間がかかっていなかったという女性もいます。感覚ではなく、数字で確かめることが理想に近づくヒントです。

彼の心と胃袋をつかむルール

❖無駄を減らしてゲーム感覚で料理をつくってみる。

料理上手な彼に出せる料理がない？

「彼のほうが料理上手で、彼に自信を持って出せる料理がないから困っています」

レッスンに参加される方の中には、料理人の彼とつき合っている女性や、ひとり暮らしが長く、料理上手な彼を持つ女性もいます。

最近は、男性でも料理好きな人も増えています。そして、男性の場合、こだわってつくるため、女性よりも詳しいという場合も。

男性の場合、料理をするキッカケは2つ。

1つめは、自分の生活のため。毎日外食では食費もかさむので、節約を考えて料理を始めるケースです。

もう1つは、モテそうだから。誰かに食べてもらったり褒めてもらったことで、料理上手は評価が高いということがわかり、どんどんつくり始めるケースです。

生活のためにつくるのではなく、趣味としてつくっている場合、週末などの時間があるときにつくるだけなので、どんどんこだわり、食材費も高いため、結婚後に奥さんに怒られることもよくあります。

彼が料理上手だった場合、引け目に感じてしまう方もいますが、引け目を感じるのは、「料理は女の仕事」と思い込んでいるからです。

女性も働きながら家事をするのであれば、料理も平等でいいのです。張り合う必要もなく、彼の隣でアシスタントとして一緒につくれば自分の負担も少なく、コミュニケーションもとれるので一石二鳥です。

彼が得意だからまったくつくらないというのでは問題ですが、彼が料理上手なことをプレッシャーに感じるのではなく、ラッキーと考えましょう。

特に、こだわりを持ってつくっている男性は、自分も料理上手になって戦おうという気持ちよりも、「教えて」と一緒につくるほうが向いています。

男性にとっては、自分の得意なこと、自分のいいところを見せられるチャンスですので、チャンスを奪わずに力を発揮してもらうことでお互いにとっていい環境をつくり上げることができます。

料理は女がつくるもの。という思い込みを捨て、お互いに得意なことを生かして支え合うのが、正しいパートナーシップです。

彼の心と胃袋をつかむルール

❖料理は、どちらがつくってもいい。

料理上手なお母さんや元カノがいる彼

「前の彼女はもっと料理が上手だったな」

料理に限らず、外出までの準備の時間や、メールの返信のしかたなどを元カノと比較され、「元カノを忘れてほしい」「勝たなくては」と努力をする女性がいますが、それは努力するべきところではありません。

そもそも元カノのことを口に出して比較するような男性は、結婚を考えていない男性です。

比較をすることによって、彼女が世話を焼いてくれたり、おいしい料理をつくってくれるようになった経験があると、男性にとって「前の彼女は〜」の言葉は、あなたを思い通りに動かせる、魔法の呪文《じゅもん》のように感じるのです。

そこであなたが、前の彼女に勝たなくてはと努力してしまうと、彼をダメ男に育てることになります。

結婚したいと考えている女性であればあるほど、「婚姻届に印鑑を押すまでは」と努力してしまうので、結果として、「つき合い始めはもっと優しかったのに」と不満が増え、彼はそれを言わせないように、「前の彼女は……」と言い出すという悪循環に陥《おちい》ります。

比較するのがダメということではありません。人間ですから、男性でも、女性でも、ふとした瞬間に前の彼や彼女を思い出すことは誰にでもあります。

でも、わざわざ口に出して比較する男性とおつき合いしているのだとしたら、次の恋に行ったほうがいいということです。

人によって育ってきた環境が違うため、それぞれ「普通」が違います。

朝食ひとつとっても、パンとサラダとヨーグルトだった家もあれば、料亭のように、焼き魚に煮物、お漬物、サラダなどがずらっと並ぶ家もあり、家庭によってさまざまです。

お母さんや、元カノが料理上手だった場合、そこで「普通」の基準がつくられます。

いくら「普通」の基準が高かったとしても、口に出して比較することは感心しません。

料理は上手に越したことはありませんが、前の彼女に勝つために料理をするのではなく、次に理想の男性と出会うためと思って、楽しんで料理を身につけましょう。

彼の心と胃袋をつかむルール

❖誰かと競争するのではなく、自分の幸せのために料理をする。

彼に食べてもらう自信が持てない？

「料理ができないから、つくれるようになりたいです」

という女性の話をカウンセリングの中でしっかり聞いていくと、まったくできないわけではないということが多いのです。

「普段から自炊は多少していますけど、人に食べてもらう自信がありません」

という方も多く見受けられます。

どんな言葉を使うかで、いまの自分がつくられるので、「料理ができない」ではなく、「料理は多少つくれる」と言い方を変えることで、実際の料理も上達していきます。

容姿に関しても同様で、すらっとしてスタイルがいいのに、「私は太っている」と思うと、自分に自信がなくなり、姿勢が悪くなったり、最悪の場合には拒食症に陥ったりするので、自分がどう認識しているのかが重要です。

自分で食べるだけなら、適当につくって、味が足りなければ後から塩を足してもいいわけですから、つくるだけならできるのです。

プロの料理人でも、新メニューの試作品を人に食べてもらうときは、経験が長くても緊張します。

緊張と自信がないことは別物ですから、自信がない上に、初めて彼に食べてもらうなら2つのドキドキが混ざり合うことになります。

緊張は仕方のないことですが、自信をつけるためには、誰かに1度食べてもらうことでドキドキは解決します。

私のレッスンでも、課題に「誰かに料理を試食してもらい、正直な感想を聞かせてもらうこと」というものがあります。

取り組んだ方は、誰かに食べてもらい、「おいしい」という感想をもらうことで、自信をつけることができるからです。

食べてもらう方には正直な感想を言ってもらうことが上達の秘訣となるため、

「いま料理の練習しているから、食べて正直な感想を聞かせてほしい」と依頼することで、相手も上達のための協力をしようと正直な感想を言いやすくなります。

その状況下で「おいしい」と言われることで自信につながるのです。

・人に「おいしい」と言ってもらうこと

・自分の認識を変えること

この2つで彼に食べてもらう自信につながります。

彼の心と胃袋をつかむルール

❖練習中の初心者マークは、最強の免罪符《めんざいふ》。

野菜中心、マクロビ、自然食品の食生活では彼氏はできない？

「動物性のものを食べない食生活なのですが、彼氏はできますか？」

そんな相談を受けることがあります。

人は食べるものでからだをつくっていますので、健康にいい食事をするに越したことはありませんが、中には、「マクロビをしているから彼氏ができない」「食品にこだわりがあるので彼氏とうまくいかない」と考えている女性もいます。

ですが、何を食べているかが問題なのではありません。

どんな食生活をしていても、幸せな結婚生活を送っている方はたくさんいます。

マクロビなどの食生活を送っている女性にとって、最初に困るのが、デートのお店選びです。「私は肉や魚を食べられません」ということだけを伝えると、野菜のメニューが豊富なお店を探すことになるので、男性は手間がかかると感じてしまいます。

仕事で忙しい男性とのデートなら、なおのことです。

店を探す時間がないくらい仕事が忙しい男性が相手なら、「新鮮な野菜を食べられるお店を見つけたので、いかがですか？」などとこちら側から提案することで、相手の負担を減らし、デートの可能性を高めることになります。そこまで完全にマクロビにこだわっていないのであれば、肉なしでつくってもらえる料理を選ぶなど、工夫はいくらでもできます。

どんな食生活を送っていても関係なく、自分の気遣い次第で恋愛も結婚もできるのです。

私の友人男性はマクロビ料理が好きで、抵抗がないのですが、肉も食べますし、最初からマクロビに興味があったわけでもありません。

「気づかないうちに、妻がつくる毎日の料理がだんだんとマクロビになっていったからすんなり受け入れられた」というのがマクロビを好きになった理由だそうです。

マクロビでも、野菜でも、味つけでも「健康にいいから食べなさい」と強制的に押しつけてしまっては子どもでもイヤな気分になるわけですから、からだにしみついた食生活をもつ大人が受け入れられないのは当たり前です。

肉がない野菜だらけの手料理では、不満に思うのは確かですので、彼だけ肉を1品追加したり、盛りつけの段階でチーズをトッピングするなど、工夫すれば問題はないのです。

自分の好きな健康食のせいで彼ができないと考えるのではなく、コミュニケーションの取り方を考えていきましょう。

彼の心と胃袋をつかむルール

❖ 恋愛がうまくいかない理由を、自分の好きなもののせいにしない。

1人で料理、1人で食事のライフスタイルを変える

「いつも仕事が終わったらそのまま帰宅して自炊しています。家と仕事場の往復のみで、出会いがなくて困っています」

という悩みを抱えた女性。

毎日自炊していると、料理にも少しずつ慣れていきますが、人と食事をすることも重要です。

出会いを増やすことはもちろんですが、人脈を広げることや、発想力を上げる、コミュニケーション能力を上げる、楽しいと思える時間を増やして充実度を上げるなど、人と一緒に食事をすることは、さまざまなメリットがあります。

実際には人と一緒に食事をすると、会話に夢中になることや、咀嚼回数が減ることから、食事そのものの味は印象に残らないため、1人で食べた食事のほうが

料理そのものの味を正確に判定することはできます。

ですが、会話しながら楽しく食事をしたほうが、相手への同調力や、おいしいと思った記憶は残るのです。

医療の側面からも、1人で食事をしている人よりも、誰かと食事をしている人のほうが長生きしているというデータもあります。

料理の腕を上げることも大切ではありますが、そのために人との関わりが薄くなり、出会いがまったくない状況になるのでは本末転倒です。

何を食べるかより、誰と食べるかが重要と言われるのも、その時間をワクワクと楽しめるかどうかが大切ということです。

彼の心と胃袋をつかむルール

❖人との交流で新たな自分を発見して、チャンスをつかむ。

column

料理教室に通っても身につかない人の共通点

「君の手料理が食べたい」と彼に言われたり、結婚が決まったという理由で料理教室に通う場合は、「とにかく短期間で料理を身につけたい」と焦るのではないでしょうか。

料理教室に通ったことで、料理が上達したという方もいれば、残念ながら数年通っても身につかないという方がいるのも事実です。

身につけたい、つくることを楽しみたい、新しい趣味としてせっかくなら実用的なものがいいなど、目的によってどのような教室に通うのかを選ぶ必要があります。

身につけたいと思っているのに身につかない方には共通点があります。

□自宅ではつくらず、教室でつくる時間を楽しんでいる
□グループでつくる際、間違えてまわりに迷惑をかけたくないので洗い物ばかりしている
□計量などもすべてすんだ、つくるだけの教室を選んで通っている
□自宅で復習した後の質問や相談ができないためそのままになっている
□なぜこのタイミングで入れるのかなどの理論がわからない

教室でつくる際は失敗しないように先生が誘導しながらつくるため、1人ですべてつくるのとは別物です。

自分の目的に合わせた学び方を選びましょう。

□包丁の持ち方から基礎をしっかり学びたい
↓コースでステップアップしながら順番に学べる場所。
□スキルアップしてもう少しバリエーションを増やしたい

↓本格的な料理メニューを学べる場所。

□趣味としてつくることを楽しみたい

↓華やかな写真映えする料理を手ぶらで参加して気軽につくれる場所。

□冷蔵庫の中身でつくれるように身につけたい

↓個人的に相談ができて、なぜこのタイミングなのかの理論を学べる場所。

しっかり身につけたいのであれば、自宅でもつくることは必要です。レッスンでつくった料理以外のものについても、相談ができる環境を用意している教室を選ぶことで、普段つくる料理も上達しますのでオススメです。

□結婚したい、胃袋をつかめるようになりたい

↓一度レッスンにお越しください！

第 5 章

幸せな恋をする

食べさせたい人が
いるから幸せになれる

結婚相手は、どうすれば見つかる？

結婚相手を本気で見つけたいと思ったら、まずは結婚願望のある彼氏をつくることです。

当たり前のことですが、婚活を真剣に始めると、結婚という結果にだけ意識がいってしまいがちです。極端な例で言えば、彼氏はいないけど結婚したら子どもが欲しいから妊活のために電磁波を遠ざけ、携帯やＰＣにあまり触らない生活をしている方や、パーティーに参加してぐるっと見渡し、顔と服装などをチェックした瞬間に収穫なしとわかると帰る方、明らかに結婚は考えていないであろう、身なりや言葉が軽い、いわゆるチャラ男ばかり追いかける方などさまざまな方を実際に見てきましたが、このような方々は結婚から遠ざかるばかりです。

これまで結婚相談所にも登録し、さまざまな男性と会い、婚活を頑張ってきた

Eさんも結婚にだけ目がいってしまっていたうちの1人でした。

男性と会うたびに、

「結婚願望があるのか」

「何年後に結婚を考えているのか」

「仕事は何をしているのか」

「実家暮らしなのか、ひとり暮らしなのか」

など、自分の結婚の条件やイメージと合っているのかを確認したくて、人柄を見るより先に就職の面接官のようなやりとりをしていました。

人に恋愛相談や婚活の相談をしたとしても、実際に事細かくどのようなやりとりをしているかまでは話すことがないため、自分の恋愛のクセやうまくいかない理由はなかなかわからず、「ご縁がなかった」という言葉で片づけがちですが、まずは彼氏をつくることを目標にしましょう。

そのためには、相手の人柄を見て、いいところを見つけることです。結婚という最終目標にだけ目を向けていると、自分の理想と合っているのかなどマイナスの点ばかりを探してしまいます。すると、「もっと理想に近い人がいるかも」と他に目を向け始めたり、婚活を楽しめず疲れてしまったりします。

逆に、いいところを見つけようとすると、相手のことを知ろうとして、自然と会話も弾み、おつき合いした後や、結婚後の日常生活の2人のイメージができます。

ただ結婚がしたいのではなく、幸せになりたいから結婚するわけですから、「次につき合う人は結婚相手だから簡単に決められない」と慎重になりすぎることなく、まずはおつき合いしてみることから始めましょう。

ダメだったら別れたらいいと考えればいいわけですから、慎重になりすぎたり、まだもっといい人がいるはずと次々に会うよりも、つき合ってみて判断していけばいいのです。

彼の心と胃袋をつかむルール

❖ 恋愛のハードルを下げて、自分の本来の目的を見失わない。

出会いのチャンスは、どこで見つかる？

結婚したいけど出会いがないと、相談所に登録して婚活を始めたKさん。
数年活動し、デートを繰り返してもなかなか進展せず、レッスンに通い始めた彼女がおつき合いを決めたのは、長年友人だった男性でした。

出会いがないと悩む女性は、まずはお友だちの棚卸《たなおろ》しから始めてみましょう。新しい出会いももちろん大切ですが、出会いがないのではなく、友人のいいところに気づいていない場合があります。

出会いがないというのは、行動していないだけですから、行動が何より大切です。

問題はどのような行動をするのか。

出会いのフィールドは、さまざまです。

□趣味で会う

独身男性と出会える趣味で、グループで行えるような趣味を選びましょう。ゴルフ、山登り、サーフィン、スノーボード、テニスなど、グループでできるスポーツなら自然と会話も増えるため、さらにサークルを見つけたり、友人に仲間に入れてもらうこともできます。

ただし、そのサークルには既婚者しかいない場合や、結婚をしたくない男性もいるかもしれないので、結婚までの時間はかかります。

□ネット婚活

ポイントは、写真とプロフィールの書き方です。プロのモデルさんも、プロフィール写真などの重要な写真は自分で選ばず人に選んでもらうといいます。自分の顔は見慣れているため、人が見た印象とは違います。また、プロフィールの内容で相手を判断しますので、書き方ひとつで出会える人数も変わってくるくらい重要です。

□結婚相談所

ハードルは少し高くなりますが、結婚したい方が集まり、身元も証明されているため、安心して婚活することができます。結婚前提でお見合いするため、お見合いから結婚までのスピードも早いです。80%以上の確率で料理や家事についての話題が出ます。男性もシビアにフィーリングや人柄、家庭を一緒に築けるかを見るため、手放したくないと思われる女性であることが必要です。

□婚活パーティーやイベント

不安であっても1人で参加することや、自分からも話しかけることがチャンスをつかむポイントです。参加することがゴールになってしまうと、参加しただけで終わってしまうため、2人で会って話してみることをゴールに設定して参加しましょう。

□ 友人の紹介

「いい人がいたら紹介して」と言うのでは、友人にとってのいい人と、自分にとってのいい人が違うため、いい紹介をしてもらうことはできないかもしれません。自分の譲れない条件を明確にし、具体的にどんな人を紹介してほしいのかを伝えて紹介してもらいましょう。

□ 自分の友人

男性の友だちや知り合いがいるなら、まずは友人のいいところを見直してみましょう。婚活がうまくいかないと悩んでいる女性のほとんどが、自分の思い込みによるものです。思い込みがなくなると、友人が実はいちばん将来を一緒に築ける相手だと気づくことがあります。

学生時代は、数年たつとクラス替えや入学などで自然と新しい出会いがあり、出会いのチャンスが多いですが、大人になると、自然と減っていきます。

相手がアプローチしてくるまで何もせずに待っているだけでは出会いはありませんので、自分から行動することが出会いのチャンスをつかむことになります。

彼の心と胃袋をつかむルール

❖出会いがないわけではなく、行動できることはたくさんある。

片思いの彼と、どうすればつき合える？

片思いの彼とおつき合いをするには、

□ **片思いの期限を決めること**
□ **もしかして俺が好きかも？　と興味を持ってもらうこと**
□ **可能性があるかチェックすること**

の3つがポイントです。

片思いがズルズル長引いて得をすることは何もありません。

行動せずに、そのままの状態でいれば、傷つくことなく、いまの関係を保つことはできますが、時間だけが過ぎていきます。

早く結婚したいと考えている女性には、ズルズルと長引かせている時間はありませんから、いつまでに白黒はっきりさせるのか自分で期限を決めましょう。

待っているだけでは、現状は何も変わりません。

自分から行動ができないのは、「迷惑だったらどうしよう」「気まずくなったらどうしよう」と、傷つくことを怖がり、守りの姿勢になっているからです。

かと言って、「当たって砕《くだ》けろ」というように、いきなり告白しろと言っているわけではありません。

まずは彼に、「もしかして俺のことが好きなのかも」と興味を持ってもらうことから始まります。

人間は自分に好意があるとわかると、相手に対して興味を持ち始めます。

誰もが、まったく可能性のない相手に対してアプローチして失敗するよりも、可能性があり、成功率の高い相手にアプローチしたいのです。

「相手に好意を伝えていますからわかっていると思います」

という片思いの方のほとんどが、伝えているつもりになっているだけで実はまったく伝わっていないものです。

自分に好意があるとわかってもらえないと、興味を持ってもらえる確率は下がるので、怖がらず、食事に誘ったり、声をかけたり、自分から行動していきましょう。

誘った際に、「みんなで行こう」と言われた場合は、好意がないということですから、次の恋愛に向かったほうが引きずることなく、幸せな結婚へ向かうことができます。2人で食事ができたら、こんどは自分に興味があるのかを確認することです。

興味があるか、ないかは、無意識にサインが出ているものです。

たとえば、あなたに興味があれば姿勢は前のめりになり、足先とからだの向きはまっすぐあなたのほうを向きますが、興味がない、帰りたいと思っている場合は、足先やからだの向きは真正面ではなくそっぽを向いています。

他にも、歩いているときに彼との距離を詰めても遠ざかることがなく、そのままの距離で歩いてくれる場合は、少なくても迷惑ではないことがわかります。

片思いでも、恋愛をまったくしていないよりは生活にハリが出ることは確かですし、脳内でホルモンが分泌されるので、肌や表情が柔らかくなるなどの効果があります。
片思いがダメなわけではありません。
ただ、ダラダラ長期間片思いを続けて、時間を無駄にしないように気をつけましょう。

彼の心と胃袋をつかむルール

❖「あなたを受け入れます」というサインを伝える。

距離が遠のいた彼を引き寄せるには？

恋の賞味期限は、3年といわれています。

最初はドキドキしていたのに、最近ドキドキしないという場合や、昔はドキドキして恋が始まったのに、どの男性に会ってもドキドキしないというのも、彼が最近冷たくなった気がするというのも、冷めたからではなく、脳内のドーパミンやエストロゲン、セロトニンなどの分泌と関わっています。

人は恋をすると、ドーパミンが分泌されるので、ドキドキ、ワクワクし、毎日が楽しいと感じるようになります。ですが、しばらくたつとドーパミンの分泌が落ち着き、ドキドキしなくなるのです。

また、恋愛中の脳では、セロトニンの分泌が少ないので、常に彼のことを考えてしまったり、不安になったりと、ドキドキ楽しい気持ちの反面、心が不安定な状態になります。

そんな不安定な心の状態のときには、つい彼にすがるような気持ちで追いかけたり、責めるような言葉をかけたり、メールを送ったりしがちです。

彼の心が遠のいてしまったと感じるのは、彼のドーパミン分泌が減り、こんどは安らぎを感じるオキシトシンの分泌に変わっている可能性があります。

そんな安定した気持ちのタイミングで、

「最近冷たい」

「冷めた?」

などの言葉をかけられると、男性は重たい、手間がかかると感じてしまうのです。

心が遠のいたと感じるタイミングこそ、仲のよかったときと同じ関係性に戻そうとするのではなく、彼が会いたいと思うような安らぎと、居心地のいい、帰ってきたくなる場所を提供していきましょう。

ただ会いたいというメールを送るより、

「今日はこんな料理をつくってみたよ」

というような、「食べに行きたい」「癒やされたい」と感じるメールを送るほうが効果的です。

オキシトシンの分泌は、

・肌に触れる
・手をつなぐ
・目を見つめ合う

などのスキンシップから分泌されるものです。

恋愛だけなら快楽物質のドーパミンだけでもいいのですが、結婚を考えるのなら、ときどきドーパミンが分泌される刺激的なデートと、オキシトシンが分泌される居心地のいいコミュニケーションがポイントとなります。

彼の心と胃袋をつかむルール

❖欲求を伝えるのではなく、相手が求めるものを渡す。

結婚しても家事をこなしていく自信がない？

多くの女性が結婚したいと思いながらも、結婚後の生活に不安を抱いています。年齢が若い女性なら、結婚式のことを考えるため、不安を抱える方は少ないのですが、年齢を重ねるごとに現実が見えるようになるため、まったく不安なく結婚する女性のほうが少ないのです。

結婚が決まったRさんは、

「私がずっと結婚できなかったのは、結婚したら、いろいろやりたいことができなくなるという思い込みがあったからだと思います。ずっと実家暮らしで、家事もやらなくてすむ居心地のいい生活だったから、結婚後の家事が不安だったのです」

と語っていました。

料理スキルや、彼に思っていることをきちんと伝えるスキルが身についたRさんは、自然と結婚への不安がなくなり、いままでブレーキをかけていた場所で、相手と向き合うことができるようになったのです。

結婚後の生活の不安は、家事、育児、お金、2人の関係が続くか、お互いの家族のことや介護などさまざまなことがありますが、その不安が減ることで、行動が変わっていきます。

この不安のタネですが、意外とどうにかなることがほとんどです。

初めてのことですから、できるか不安になるのは当然ですが、子育ても「私はどんな子どもでも完璧に子育てできる」と自信を持って産む方はいません。仕事でも「私はどんな就職先でも完璧に仕事ができる」と自信を持って就職した方がいないのと同じように、結婚後の家事も、やってみたらどうにかなるのです(うまいヘタのレベルはあると思いますが)。

プロポーズされる前から結婚後の不安がある場合は、その不安をなくすことが、心のブレーキをはずし、チャンスをつかむことにつながります。その方法をお教えしましょう。

まずは具体的にどんな不安を感じているのかを、紙に書き出します。

次に、その不安がどのくらい大きな不安なのかを書き出します。そして、解決策や、いま自分ができることを書きましょう。

紙に書くことで具体的に何に不安を感じているのかがわかります。そして、ほとんどが思い込みだと気づきます。

これまでも、完璧にできるという自信がなくても受験したり就職したりと、どうにかなっているのと同じで、結婚後の生活も体験してみればいいのです。

彼の心と胃袋をつかむルール

❖ 不安になりすぎず、相手と自分を信じてみる。

プロポーズしてくれない彼の本心がわからない？

「つき合っている彼から結婚の話が出てこない。誕生日に期待していたけど普通にお祝いだけで終わってしまった。彼に結婚のことを聞きたいけど、イヤな顔されたら傷つくから聞けない」

おつき合いが長くなってくると出現する、結婚に対する具体的な不安を、相談に来る方がいます。

中には、「ゼクシィ」を目の前に差し出したり、「結婚する気がないなら別れるけど、どうする？」と彼に究極の2択を迫る方法をとる方もいますが、この方法は危険です。

もちろん成功する可能性もありますが、彼がまだ決意できていないとしたらタイミングが早すぎて「いまはまだわからない」と言われたのちギクシャクして別れる場合もある、究極の2択だからです。

結婚を考えるタイミングは人それぞれで、交際半年で決める人もいれば、焦らずゆっくり相手と向き合って決めたい人もいます。

女性が男性よりも結婚を強く考えるのは、出産の年齢を考えたり、収入の不安が減ること、孤独感からの解放を望んでいるからです。

男性の場合は、出産の期限について考えている人は少なく、女性ほど将来設計をしっかりと立てていません。結婚したら共働きだとしても出産時などに家族を養う必要があるため、結婚よりもつき合っている状態がいちばん楽に感じます。

そのため、あなたが「結婚する気がないなら別れる」と言ったときに、彼が「このまま手放すのはイヤだ」と感じるかどうかが勝負となります。

携帯電話は、昔はなくても生活ができていたけど、一度持ち始めたら手放せず、食費を節約してでも携帯代を支払ったりしていませんか。それと同じように、手放せないと感じれば男性は結婚を決めます。

究極の2択を迫り、「いまはまだ仕事も落ち着かないからもう少し待ってほしい」と言われてショックを受ける前に、まずは彼が抱いている将来のイメージを日常の会話の中から探りましょう。そして、2人の結婚後のイメージができる話や手料理の食事を繰り返すことです。

男性は、女性に比べて出産の知識もないため、出産を考えて早く結婚したいと考える女性の感覚を知らない方が多いのです。

2人の大切な将来のことですから、普段の会話を通して、お互いの将来のイメージを共有し、万が一、彼の将来には結婚がないとわかった場合には、次の恋愛に行くことです。

彼の心と胃袋をつかむルール

❖ 2択を迫るのではなく、結婚したくなる状況をつくる。

愛する人のために料理をつくる幸せ

「プロポーズされた」という報告をしてくれた生徒で41歳のSさんの顔は、とても輝いていました。
「先生、彼から正式にプロポーズされました。花束をプレゼントしてくれましたが、なんと菊の花でした。仏花とは知らなかったみたいで笑ってしまいました」
というオチのついた話は、そこにいた全員を笑顔にしてくれました。

彼とつき合い始めてから、食べて喜んでくれる人がいるおかげで彼女がさらに料理を楽しめるようになり、表情も変わっていく姿を目《ま》の当たりにしてきました。

彼に気持ちを伝えるツールとして、料理をするという行動は、大きな役割を果たしたようです。

プロポーズしたSさんの彼も、Sさんが一生懸命料理をつくってくれるので、彼女を喜ばせたい気持ちから普段は行かない花屋に行ったそうです。

結婚が目前になってくると、真面目な女性の場合、毎日料理をつくることができるのかという不安を抱える方がいます。

おつき合いしている間、一生懸命頑張って料理をしてきた方は、「これが毎日続くの？」と不安になるのでしょう。

その気持ちもよくわかります。ですが、共働きをしていくのであれば、料理も2人でつくっていくことが長続きするコツです。

現在の30代以上の世代の方は、親世代がまだ専業主婦が多いため、料理は毎日お母さんがつくるのが当たり前という環境で育っていますが、現在は共働きが主流です。

一緒に料理をつくれるように、キッチンに一緒に立つ習慣を少しずつつくっていくことで、あなたの負担も減っていきます。

彼に喜んでもらいたいという気持ちで始めた料理が、苦痛になってしまっては長続きするはずもなく、彼からも「結婚したら料理をつくらなくなった」と言われてしまうようでは本末転倒です。

我慢して義務で料理をしても、その気持ちは料理を通して伝わりますから、彼も喜ばず、せっかくつくっても反応がよくないため、「つくるのが楽しくない」という負のループに陥ります。

負担にならないよう、楽しくつくれるように、2人でお互いを喜ばせるための料理をつくっていきましょう。

彼の心と胃袋をつかむルール

❖ 愛する人のために料理できる自分を楽しむ。

column

料理と恋愛を「面倒」にしないコツ

仕事が楽しくなり始めると、仕事に使う時間がどんどん増え、反比例して遠ざかっていくのが恋愛です。

・恋愛をすると仕事が手につかなくなる
・彼のことが気になって仕事に集中できない

など、恋愛は仕事には悪影響だという言葉を聞くことがあるかもしれません。ですが、いい恋愛をすると仕事効率を上げる、ということはデータでも明らかになっています。

カリフォルニア大学サンタバーバラ校では、恋と脳の関係性を実験したというデータが公開されています。

20歳前後の女性36名に対し、画面に表示された単語が英語かどうかを見分けてもらうという実験です。

1000分の26秒だけ表示するという、とても速いスピードで英語か否かを見分けてもらう実験なのですが、単語を見せる直前に恋をしている男性の名前を表示すると、その後に見せた単語を判断するのにかかる時間が0・03秒速くなったそうです。

このように、いい人間関係は脳機能を高めてくれるので、仕事がより効率的になります。さらには、自分を見つめる機会が増えることでいい人間関係を構築できるようになるのです。

恋愛も料理も体力と時間を使うことですので、しばらく遠ざかると、「面倒」になります。掃除をサボると、どんどんゴミが散乱して大掃除になってしまうから掃除がさらに面倒になるのと同じです。

おむすびだけでいいからつくるようにして、人に食べてもらう機会をつくれば、食を通して人の輪が広がり、恋愛のチャンスにも恵まれていきます。

面倒なことだからこそ、日々の積み重ねを大切にしていきましょう。

おわりに

婚活も料理も楽しむことが人生の豊かさにつながっていく

現在、私は2度目の結婚が決まり、式場見学や入籍の準備を進めているところです。

調理師免許も持っているので、手の込んだ料理や、見映えのする料理もつくることはできますが、私がつくる料理は、野菜炒めやハンバーグなど定番料理のみ。彼とは共働きなので、もちろん外食ですませることもあります。彼が一番好きな私の手料理は、多めの油で炒めて、めんつゆで煮ただけのナスの揚げ浸しだそうです。

料理をまったくつくらない方は、料理をしましょうと言うと、ハードルが高く感じるかもしれません。

ですが、難しい料理をつくらなくても、男性の胃袋をつかむことはできるのです。実際、私の友人でも、お茶漬けで胃袋をつかんだ方や、おかゆ1つで結婚が決まった方もいます。

料理スキルはあまり関係ないのです。

日々、仕事を通して、仕事の悩み、恋愛の悩み、将来の悩み、人間関係の悩みなど女性のさまざまな悩みを聞いています。

たくさんの女性を見ていると、悩んでいる方はとにかく真面目な方が多いように感じます。

「アプローチされているけど、好きだと言われたらまだ返事に悩むだろうからデートできない」

「彼氏に結婚の話をしたいけど、イヤな顔をされたら怖いからできない」

「次につき合う人とは結婚するつもりだから、気軽につき合えない」

「結婚したら毎日家事をきちんとできるのか不安」などなど。

母親が冷凍食品なしで毎日料理をつくる、専業主婦の家庭で育った女性は、「結婚したら毎日料理をつくるのが義務だ」と考え、共働き希望にもかかわらず、母親とまったく同じように完璧につくろうとする方もいます。

時代も状況も違いますから、便利なものは使えばいいのです。

婚活も料理も、行為自体を楽しむことが、人生を豊かにします。

結婚はゴールではありません。

独身女性なら何度も聞いている言葉だと思いますが、結婚したら幸せになれるわけではなく、今、幸せな状態の女性が結婚するから幸せな家庭をつくり上げるのです。

本書を通して、少し辛口で書いてきたため、心が痛んだり、驚いたり、中には拒否反応を起こした方もいるかもしれません。

その感情が揺れた場所は、自分の課題となるものです。

ぜひ、何か1つでも実践し、数ヶ月後に再度読んでみてください。

状況が変わっていれば、心が揺れる場所も変わっているはずです。

自分の望む人生を自分の手でつかめる女性が増えることを願っています。

本書は、2017年の誕生日に、ふと「本を書こう」と思ったところから、さまざまなご縁をいただき、出版の流れとなりました。

メルマガやブログはこれまで4年間、毎日書いてきましたが、本は初めての経験で、頭から煙が出そうになったこともありました。

詳細までチェックし、アイディアをまとめてくださった担当の岡村季子さま、ご縁をつないでくださった出版プロデューサーの飯田伸一さま、同じ想いを持って愛されめしの講座を担当してくれている岡本先生と生徒さんのサポートしてくれるコーチ、スタッフのみなさん、受講生のみなさん、本にしたらたくさんの方の役に立てるからと応援してくれた友人、などなど、さまざまな方とのご縁とご協力のおかげで完成しました。

本書を手に取ったことが縁となって、あなたが1歩前進することができたなら幸いです。食を通して、素晴らしい人生を送れる女性が1人でも増えますように。

たくさんの愛を込めて。

青木ユミ

●著者プロフィール

青木ユミ（あおき・ゆみ）

株式会社Cooking salon dish代表取締役社長。料理で彼の心と胃袋をつかむ「愛されめし」プロデューサー。

調理師免許を取得後、専門学校講師として1000人以上の生徒に授業を行い、生徒の現状と食育の大切さを目の当たりにし、母親とこれから母になる女性が料理ができる社会と環境をつくる必要があると、教えるプロとして2012年に起業。独自のメソッドにより、料理で彼の心と胃袋をつかみたい女性のための「愛されめしClass」を主宰。いままでになかった「人生を変える料理教室」を確立。その他、セミナー、料理講座、婚活講座、企業研修など、食を通じて女性が心、時間、経済の豊かさを得られ、安心して子育てができる日本の未来のために活動中。

2015年より、ビジネス講座を開講。「手料理から愛と豊かさを」を理念とし、時間、心、経済が豊かな女性を育てている。

愛されめしAcademy
http://koimesi.com/

彼の心と胃袋をつかむ――
「愛されめし」で、幸せな結婚を引き寄せる！

2018年5月1日　初版第1刷発行

著者　青木ユミ

発行者　櫻井秀勲

発行所　きずな出版
東京都新宿区白銀町1-13　〒162-0816
電話　03-3260-0391
振替　00160-2-633551
http://www.kizuna-pub.jp/

協力　合同会社DreamMaker

ブックデザイン　福田和雄（FUKUDA DESIGN）

印刷・製本　モリモト印刷

　ISBN978-4-86663-035-9

きずな出版